W0090369

Susi Piroué

Echt provenzalisch kochen

Die besten Original-Rezepte der südfranzösischen Feinschmecker-Region

Gräfe und Unzer

Umschlag-Vorderseite
Tomaten, Paprikaschoten und Auberginen – ein
typisch provenzalischer Dreiklang. Rezept für
»Aubergines niçoises« Seite 55.
2. Umschlagseite
Beim »Poulet à la moutarde« ergibt der Senf die
leckere Kruste und der Rosmarin den würzigen Geschmack. Rezept Seite 48.
3. Umschlagseite
Ein köstliches provenzalisches Alltagsgericht: »Sar-
dines farcies aux épinards«. Rezept Seite 33.

Susi Piroué

ist gelernte Buchhändlerin und seit dreizehn Jahren
Redakteurin für Wein- und Kochbücher beim
Gräfe und Unzer Verlag. Französisch kochen lernte
sie, als sie in eine französische Familie einheiratete.
Rezepte, die sie bei Schwiegermutter, Tante und
Kusine sowie bei französischen Freunden sammelte,
veröffentlichte sie in ihrem ersten eigenen Kochbuch »Echt französisch kochen«. Ihre Freundschaft
mit einer provenzalischen Autorin, deren Bücher
sie übersetzte, brachte sie auf die Idee, speziell provenzalische Rezepte zu sammeln und auszuprobieren. Das Ergebnis ist der vorliegende Ratgeber, bei
dessen Abfassung ihr berufliche und hausfrauliche
Erfahrung gleichermaßen zugute kamen.

2. Auflage 1984
© Gräfe und Unzer GmbH, München
Alle Rechte vorbehalten. Nachdruck, auch aus-
zugsweise, sowie Verbreitung durch Film, Funk
und Fernsehen, durch fotomechanische Wieder-
gabe, Tonträger und Datenverarbeitungssysteme
jeglicher Art nur mit schriftlicher Genehmigung
des Verlages.

Redaktion: Susi Piroué
Farbfotos: Fotostudio Teubner
Zeichnungen: Ingrid Schütz
Umschlaggestaltung: Heinz Kraxenberger
Satz und Druck: Georg Appl
Reproduktionen: Bernd'amour, Simhart & Co.
Bindung: R. Oldenbourg

ISBN 3-7742-4219-4

Sie finden in diesem Buch

Sie finden in diesem Buch

4

Ein Wort zuvor

Mit diesem Buch lade ich Sie zu einer Reise besonderer Art ein. Vergessen Sie Autoschlangen und Benzinpreise und lassen Sie die Wohlgerüche provenzalischer Küche durch Ihre Wohnung strömen. Was ist kurzweiliger und angenehmer, als mitten im Alltag, wenn kein Urlaub in Sicht ist, eine Reise mit Gaumen und Zunge zu unternehmen, Freunde und Verwandte dazu einzuladen und einen unvergeßlichen südländischen Abend mitten in der kalten Jahreszeit zu verleben.

Die notwendigen Grundkenntnisse, die einen solchen Abend zum Erfolg machen, vermittelt Ihnen dieses Buch. Die provenzalische Küche ist bodenständiger, einfacher und bäuerlicher als das, was man gemeinhin unter raffinierter französischer Küche versteht. In ihr drückt sich die Art des Landes und ihrer Menschen aus. Kräuter, Gemüse und Obst werden reichlich in ihr verwendet, ebenso Fisch, Wild und Wildgeflügel, weniger das Fleisch von Schlachttieren. Insofern kommt sie bei aller Traditionsverbundenheit unseren modernen Vorstellungen von gesunder, natürlicher Ernährung entgegen.

Meinen besonderen Dank möchte ich an dieser Stelle Madame Nazet von der 1925 gegründeten Groupe Folklorique »La Couqueto« in Marseille aussprechen, die mir einen großen Teil der Rezepte dieses Buches zur Verfügung stellte. Sie leitet innerhalb dieser Gruppe, die vom französischen Erziehungsministerium unterstützt wird, einen Kochkurs, in dem die alten Rezepte unter Berücksichtigung moderner Küchentechniken ausprobiert werden. Alle Gerichte in diesem Buch können also in einer normal ausgestatteten Küche zubereitet werden. Die notwendigen Töpfe und Pfannen sind in den meisten Haushalten sowieso vorhanden. Was Sie eventuell ergänzen müssen, finden Sie im Ka-

pitel »Was Sie in der Küche brauchen« auf Seite 13 f. Einige Küchentechniken, die notwendig sind, um die Rezepte zu verwirklichen, habe ich auf Seite 12 f. beschrieben und so leicht verständlich erläutert, daß auch jeder Kochanfänger es sich zutrauen kann, ein provenzalisches Essen auf den Tisch zu bringen.

Bis auf einige wenige Fischspezialitäten gibt es die Zutaten überall zu kaufen. Doch auch Mittelmeerfische findet man in steigendem Maße und in guter Auswahl in den Tiefkühltruhen.

Dies noch zur Ermunterung: Mein Mann, der aus einer französischen Familie stammt, und ich, wir haben die Rezepte in unserer nichtprofessionellen Küche mit in Deutschland gekauften Zutaten ausprobiert. Ausgewählt haben wir die Rezepte nach dem Erfolg bei unseren Söhnen, unseren Freunden und unserer Familie.

Den gleichen Erfolg und zusätzliche »Urlaubstage« mit provenzalischen Gerichten und provenzalischem Wein wünscht Ihnen

Ihre Susi Piroué

Das Land und seine Spezialitäten

Eigentlich existiert die Provence nur noch im Bewußtsein ihrer Bevölkerung, ebenso wie das Königreich Bayern oder das Königreich Schottland, sie ist nicht einmal eine Verwaltungseinheit, sondern besteht seit Napoleons Zeiten aus den Departements Var, Bouches-du-Rhône, Vaucluse, Basses-Alpes, Alpes-Maritimes sowie dem Comté de Nice und dem Comtat Vanaissin. Und doch hat diese Region ihren ganz eigenständigen Charakter und ihr – trotz des Tourismus – unverfälschtes Brauchtum in ganz besonderem Maße bewahrt. Die Provence existiert daher sehr wohl im Bewußtsein der Franzosen und Frankreichkenner, der Freunde urwüchsiger Natur (die gibt es dort noch, wenn auch nicht gerade an der Côte d'Azur) und kunstreicher Städte. Und nicht zuletzt ist die Provence den Liebhabern einer würzigen, bäuerlichen, einfachen Küche, die allen Schnörkeln und Überspitzungen abhold ist, ein Begriff. Geprägt werden das Land und seine Bevölkerung einerseits vom Mittelmeer und andererseits von nicht zu hohen, aber doch rauhen Bergketten, die aus weiträumigen Ebenen aufsteigen. Ursprünglich wurde die Provence (der Name leitet sich von der römischen »Provinz« ab) geographisch im Osten vom Fluß Var begrenzt, heute rechnet man jedoch das Gebiet um Nizza bis zur italienischen Grenze dazu. Im Westen bildet der mächtige Fluß Rhone mit seinem sumpfigen Mündungsgebiet, dem weitverzweigten Rhonedelta, eine natürliche Grenze, im Süden das Mittelmeer. Im Norden reicht die Provence mit dem Comtat Vanaissin an die Dauphiné heran, wobei eine Reihe von Städten im Laufe der bewegten Geschichte dieser Gegend den Einflüssen beider Provinzen ausgesetzt war. Hier mischten sich ligurische und keltische Volksstämme mit Griechen und Römern.

Die Mittelmeerhäfen wirken südländisch und ähneln in gewisser Weise den norditalienischen Städtchen. Die Gebirgsregionen dagegen sind dünn besiedelt und immer noch wenig vom Tourismus heimgesucht. Viele Gebirgsbewohner ziehen in die Ebenen, die im Gegensatz zu anderen ländlichen Gebieten Frankreichs einen Bevölkerungszuwachs verzeichnen.

Die provenzalische Küche ist vielfältig wie das Land selbst und betont einfach-bodenständig. Charakteristisch sind vor allem der Knoblauch, den ein einheimischer Dichter sogar die »Trüffel der Provence« genannt hat, das Öl, hauptsächlich Olivenöl, das hier die Butter der westfranzösischen Küche ersetzt, und nicht zuletzt die zahlreichen Kräuter des Landes.

Bekannt in ganz Europa ist die Bouillabaisse, provenzalisch Boui-abaisso, eine Fischsuppe, oder vielmehr ein Fischgericht, aus diversen Mittelmeerfischen, die in ihrer klassischen Form Seeteufel, Knurrhahn und Seeaal enthalten muß. Natürlich kann man alle anderen Sorten von Mittelmeerfisch und Krustentieren dafür verwenden. Die Languste bleibt der Luxus-Bouillabaisse vorbehalten. Die Qualität der Bouillabaisse hängt von der Frische der Fische, dem kaltgeschlagenen Olivenöl und einem hervorragenden Safran ab. Ein Bouillabaisse-Rezept, wie man es in unseren Breiten verwirklichen kann, finden Sie auf Seite 30. Es gibt allerdings Leute, die die Bourride (Rezept Seite 31), eine helle provenzalische Fischsuppe, der Bouillabaisse vorziehen. Bourride wird mit Aioli (Rezept

Seite 59), einer hellen, mayonnaiseähnlichen Knoblauchsauce gegessen.

Obst und Gemüse wachsen in dem subtropischen Klima reichlich; man liebt Tomaten wie im benachbarten Italien, aber auch rohe Zwiebeln, Auberginen, Zucchini in gratinierter, fritierter oder gedünsteter Form. Frühgemüse und zartes Obst, wie neue Kartoffeln, Spargel, Erdbeeren, Melonen und Aprikosen, Tafeltrauben und Pfirsiche werden im ganzen Land geschätzt.

Die Bevölkerung der Provence lebte bis zum Ende des vorigen Jahrhunderts hauptsächlich vom Ackerbau und der Aufzucht von Schafen und Rindern. Die wilden Pferde und die Stiere der Camargue sind wohl jedermann bekannt, wichtigster Wirtschaftsfaktor ist jedoch die Schafzucht. Die Schafe werden im Sommer von den Ebenen in die Berge getrieben, wie in anderen Regionen das Rind. Neuerdings gibt es in der Provence eine Schäferschule, in der sich nicht wenige junge Städter – der Zivilisation überdrüssig – für den Schäferberuf ausbilden lassen. Viele traditionelle Fleischgerichte basieren auf der Verwendung von Hammelfleisch, wie auch die berühmte Marseiller Spezialität, die Pieds-paquets (Rezept Seite 40) aus Hammelkutteln und -füßen. Krönung der provenzalischen Küche und Feiertagsessen früherer Tage war die Daube (Rezept Seite 37) aus geschmortem Rindfleisch, gewürzt mit allen nur erdenklichen aromatischen Kräutern sowie Knoblauch, Schalotten, Tomaten und Orangenschale. Gekocht wurde sie ursprünglich viele Stunden über kleinstem Feuer in einem glasierten Keramiktopf, der mit eingeöltem Papier verschlossen wurde.

Hauptsächlich wurden Rinder und Schafe jedoch nicht wegen des Fleisches, sondern als Arbeitstiere und Wollespender gezüchtet.

Weit öfter verwendete man die Gaben, die die Natur lieferte, in der Küche: Pilze und Schnecken, Beeren und wilde Pflanzen sowie Kräuter. Als spezielle Köstlichkeiten galten die Schnecken der Camargue, die sich von den salzigen Kräutern dieser Sumpflandschaft am Meer ernähren, und die grauen Schnecken, die von den Würzkräutern leben. Man ißt sie heute mit den klassischen Zutaten wie Öl, Tomaten und Zwiebeln in Arles und Umgebung. Diese Schnecken saugt man aus, nachdem man das Haus der Öffnung gegenüber mit einem spitzen Messer eingeritzt hat. Zu den Gratisgaben der Natur gehören auch die zahlreichen wilden Kaninchen der Camargue, die in unendlich vielen Zubereitungen auf den Tisch kommen, sowie die Wildvögel der Sümpfe und leider auch Singvögel, die vor allem zu Pasteten verarbeitet werden.

Brot gab es und gibt es in den verschiedensten Formen, doch hat sich im Alltag die Baguette, das Stangenweißbrot durchgesetzt. Brot aß man traditionsgemäß hauptsächlich zur Soupe, der kräftigen Suppe; Fleisch dagegen, anders als im übrigen Frankreich, eher mit Gemüse, aber auch mit Teigwaren. Viele Eßgewohnheiten sind heute allgemeinen europäischen Gepflogenheiten angepaßt, doch in den Familien und an den Feiertagen wird nach wie vor echt provenzalisch gegessen.

Essen in der Provence – das Menü

Zwar hat sich auch in der Provence das französische Menü weithin durchgesetzt, doch gibt es immer noch genügend Familien und auch Restaurants, die der Tradition treu geblieben sind. In diesem Buch, das schließlich »Echt provenzalisch kochen« heißt, möchte ich daher kurz auf einige provenzalische Eßgewohnheiten eingehen.

Die provenzalische Küche ist im ganzen gesehen nicht so raffiniert wie die französische Küche im allgemeinen, jedoch in ihrer Einfachheit nicht weniger reizvoll und abwechslungsreich. Das Frühstück besteht aus Milchkaffee oder Kakao und Butterbrot mit Marmelade. Dîner wird in der Provence das Mittagessen genannt – im übrigen Frankreich findet das Dîner erst am Abend statt. Die Vorspeise besteht meist aus Fisch oder Fischsuppe, Omelette oder Teigwaren wie im benachbarten Italien, der Hauptgang aus Fleisch und Gemüse. Die Abendmahlzeit heißt »Souper«, und die »Soupe« ist in bäuerlichen Familien oft ihr einziger Bestandteil. Im Gegensatz zur »Potage« ist die »Soupe« sättigend und wird über Brotscheiben gegossen und mit Olivenöl angereichert genossen. In der bürgerlichen Küche ist sie Vorspeise am Abend, die von einem Fleischgang gefolgt wird. Ein paar besonders typische Suppen habe ich Ihnen aufgeschrieben (siehe Seite 16 ff.). Einige davon eignen sich hervorragend als Mitternachtssuppen, wenn man Gäste hat.

Das Brauchtum zu den hohen Feiertagen wird in der Provence mehr als in anderen Regionen Frankreichs gepflegt. Zu Weihnachten werden, wie bei uns in Süddeutschland, Krippen und Krippenfiguren aufgestellt und die Familien versammeln sich am Heiligen Abend um »le gros Souper«, das in der Marseiller Gegend von den berühmten 13 (!) Desserts gekrönt wird. Dessertfreunde finden eine Anleitung dafür im Kapitel »Süßigkeiten mit Tradition« (siehe Seite 65 ff.). Zu Mariä Lichtmeß und am Palmsonntag gibt es traditionelles Figurengebäck.

Begleitet werden die Mahlzeiten im allgemeinen von den frischen provenzalischen Landweinen, auf die ich im Kapitel »Die Weine« (siehe Seite 11 f.) näher eingehe.

Die wichtigsten Gewürze

So wie die Luft über der Provence würzig nach Kräutern, Lavendel und Salz duftet, so aromareich ist auch die Küche. Kräuter und Knoblauch stehen ganz oben in der Skala der provenzalischen Gewürze. Gern würzt man auch mit einem Stück getrockneter Orangenschale. Es lohnt sich, ein paar Stückchen zu trocknen und – nicht zu lange – aufzubewahren, denn unbehandelte Orangen gibt es immer seltener zu kaufen.

Eine französische Besonderheit ist die Vier-Gewürze-Mischung (Quatre Epices), die auch in der provenzalischen Küche Verwendung findet. Mischen Sie 3 Teile gemahlenen schwarzen Pfeffer mit 1 Teil Nelkenpulver, geriebener Muskatnuß und Ingwerpulver. Wenn Sie die Mischung noch schärfer mögen, verwenden Sie statt der Muskatnuß gemahlenen Cayennepfeffer. Wenn Sie öfter französisch kochen, lohnt es sich, einen kleinen Vorrat Vier-Gewürze-Mischung in einem aromadicht verschlossenen Glas aufzubewahren.

Weißen und schwarzen Pfeffer verwendet man ebenfalls häufig, am besten frisch aus der Mühle. Alle anderen Gewürze kennt man in Deutschland ebenfalls, so daß ich nur auf Kräuter und Knoblauch näher eingehen möchte.

Provenzalische Kräuter

Daß die provenzalische Küche ganz speziell eine Kräuterküche ist, hat sich bei uns weitgehend herumgesprochen, seitdem es fast in jedem Lebensmittelgeschäft fertig gemischte »provenzalische Kräuter« (Herbes de Provence) zu kaufen gibt. Doch sollte man nicht wahllos mit dieser Kräutermischung umgehen, sondern lieber die einzelnen Kräuter gezielt verwenden, sonst schmeckt am Ende alles gleich. Daher gebe ich Ihnen im folgenden ein paar Tips, zu welchen Gerichten die einzelnen provenzalischen Kräuter am besten passen. Weitere Ratschläge finden Sie bei den jeweiligen Rezepten.

Fisch: Fenchel, Thymian, Lorbeerblatt, Rosmarin
Fleisch vom Grill: Thymian, Rosmarin
Schweinefleisch: Salbei
Saucen: Thymian, Lorbeer, Petersilie, Basilikum
Frikassee aus hellem Fleisch: Lorbeerblatt
Haarwild (Marinade): Thymian, Sarriette, Lorbeerblatt
Geflügel: Estragon, Basilikum, Thymian

Sarriette ist eine Art Bergbohnenkraut, das unter dem französischen Namen im Handel ist.

Achten Sie vor allem darauf, daß der Kräutergeschmack niemals den Geschmack der Speisen überdeckt. Würzen Sie lieber zu vorsichtig, vor allem mit getrockneten Kräutern, die sehr ausgiebig sind.

Da es die meisten provenzalischen Kräuter hierzulande nicht oder nur zeitweise frisch zu kaufen gibt, muß man in vielen Fällen auf getrocknete ausweichen.

Kaufen Sie getrocknete Kräuter nur in gut verschließbaren Gläsern und nicht in zu großen Mengen, denn das Aroma hält sich höchstens ein Jahr.

In einigen Rezepten kommt das »Bouquet garni« vor, ein Kräutersträußchen, das vor dem Servieren wieder aus dem Gericht entfernt wird. Es besteht aus je 1 Zweiglein Thymian, Petersilie und Selleriekraut sowie

Das »Bouquet garni« gibt Fleischgerichten die aromatische Würze.

1 Lorbeerblatt und wird mit Küchengarn gebunden. Getrocknete Kräuter steckt man in ein Mullsäckchen, bindet es mit Küchengarn und befestigt es am Topfhenkel, so daß es leicht wieder zu entfernen ist.

Eine reizvolle Gewürzmischung empfahl mir eine französische Freundin für Wildragout: zu gleichen Teilen (je etwa 20 g) Thymian, Lorbeerblatt, Sarriette, Nelkenpulver, Orangenschale trocknen lassen und im Mörser zerstoßen. 1 Muskatnuß reiben und dazugeben. Das Ganze in einem Glas gut verschlossen aufbewahren. Sparsam verwenden!

Unentbehrlicher Knoblauch

Knoblauchfreunde finden in der provenzalischen Küche ihr Eldorado, es gibt kaum ein Gericht »ohne«. Ich würde auch niemandem raten, den Knoblauch einfach wegzulassen.

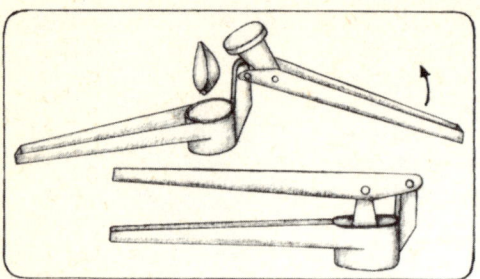

Mit Hilfe der Knoblauchpresse kann man den Knoblauch besonders gut im Gericht verteilen.

Wer ihn absolut nicht mag und trotzdem provenzalisch essen möchte, muß sich weitgehend an Süßspeisen halten.

Knoblauch verwendet man hauptsächlich püriert, so verteilt er sich am besten. Man schält die Zehe und drückt sie einfach durch die Knoblauchpresse direkt in das Gericht. Oder man schneidet die geschälte Zehe auf einem Brett aus Plastik (Holz saugt den Saft auf) klein, salzt sie und zerdrückt sie mit einem breiten Messer.

Feinen Knoblauchgeschmack erreichen Sie, wenn Sie die Schüssel oder den Topf nur mit Knoblauch ausreiben oder wenn Sie den grünen Keim aus der Zehe entfernen.

Wer keine Knoblauchpresse besitzt, zerdrückt die »provenzalische Trüffel« mit einem Küchenmesser.

In den meisten Fällen ist jedoch ein kräftiger Knoblauchgeschmack erwünscht und typisch. Ein wirklich gutes Mittel gegen den Geruch danach habe ich allerdings noch nicht gefunden. Einige behaupten, eine ausgepreßte Zitrone, pur gleich nach dem Genuß des Knoblauchgerichts getrunken, mildere die Folgen. Probieren Sie es aus, aber vereinbaren Sie sicherheitshalber keinen Zahnarzttermin für den folgenden Tag.

Im ganzen gilt die Regel: Laden Sie zu einem Knoblauchessen alle ein, die Sie lieben!

Kleines Fischlexikon

Alle südfranzösischen Fischarten aufzuzählen, würde den Rahmen dieses Buches sprengen. Damit Sie auf provenzalischen Fischmärkten einkaufen können, finden Sie im folgenden die in den Rezepten vorkommenden französischen, in einigen Fällen auch provenzalischen Fischnamen.

Drachenkopf	*rascasse*
Goldbrasse	*daurade*
Knurrhahn	*grondin, rouget*
Krabben (Garnelen)	*crevettes*
Meerspinne	*araignée de mer*
Merlan	*merlan*
Muscheln	*moules*
Petersfisch	*saint-pierre*
Seehecht	*merluche, colin*
Seeigel	*oursin*
Seeteufel	*baudroie, lotte*
Seezunge	*sole*
Stockfisch	*morue*
Taschenkrebs	*crabe*
Wolfsbarsch	*loup de mer*

Die Weine

Das Weinbaugebiet Provence selbst bringt zwar viel Wein, aber meist einfachere, frische Landweine hervor. Gehörte nicht der südliche Teil der Côtes du Rhône um Avignon ebenfalls zur alten Provence, so wäre es mit Wein-Spitzenqualitäten in diesem wunderschönen Land nicht sehr gut bestellt. Bei den Rezepten habe ich mich meist darauf beschränkt, Rot-, Rosé- oder Weißwein zu empfehlen, da man außerhalb des Ursprungsgebiets nicht alle Sorten bekommt. Um Ihnen den Überblick zu erleichtern, habe ich im folgenden die wichtigsten provenzalischen Weine mit kontrollierter Ursprungsbezeichnung (Appellation contrôlée oder V.D.Q.S.), die etwa unseren Qualitätsweinen entsprechen, nach Weinarten geordnet zusammengefaßt. Daraus ergibt sich auch meist, zu welchen Speisen diese Weine am besten passen. Hierzu eine Vorbemerkung: Die Franzosen trinken zu wesentlich mehr Gerichten Rotwein als die Deutschen; doch auch wir sind dem eisernen Grundsatz »Rotwein zu dunklem Fleisch, Weißwein zu hellem Fleisch« nicht unbedingt treu. Als Kompromiß bietet sich in Zweifelsfällen oft der Rosé an, den es gerade in der Provence in vielen ausgezeichneten Qualitäten gibt.

Grundsätzlich sollte man einen kostbaren Wein kostbaren Gerichten vorbehalten, zu einfachen Bauerngerichten paßt kein Spitzenwein; ein einfacher, aber sauberer, guter Landwein schmeckt wesentlich besser dazu. Vorschriften gibt es keine, schließlich bleibt es Ihrem Fingerspitzengefühl und Geschmack überlassen, wie Sie die einzelnen Elemente eines Menüs aufeinander abstimmen.

Die Rotweine

König der provenzalischen Rotweine dürfte der Châteauneuf-du-Pape sein, ein purpurner, körperreicher, kräftiger, glutvoller Tropfen, der sehr gut altert und aus nicht weniger als 13 Rebsorten gewonnen wird. Man bekommt ihn überall zu kaufen. Der beste, und auch teuerste, trägt zusätzlich noch einen Lagennamen. Gute Qualitäten, die man allerdings meist nur an Ort und Stelle bekommt, liefert außerdem der delikate Bellet aus der Region um Nizza.

Die Côtes-du-Rhône Villages, soweit sie aus dem Departement Vaucluse stammen, wie zum Beispiel der Gigondas, gehören ebenfalls zur gehobenen Klasse.

Einfachere, aber dennoch gute Trinkweine gibt es unter der Bezeichnung Côtes-de-Provence (hell, angenehm) und Côtes-du-Rhône (dunkler, schwerer). Erstere stammen vor allem aus der Gegend um Saint-Tropez, sie werden jung getrunken und passen vor allem sehr gut zu Lammkoteletts. Rote Côtes-du-Rhône schmecken gut zu Wild, Wildgeflügel, kräftig gewürzten Fleischgerichten und würzigem Käse.

Die Roséweine

Unbestritten an der Spitze der provenzalischen Roséweine steht der Tavel aus dem Gebiet der Côtes-du-Rhône. Er riecht nach Waldhimbeeren und hat eine wunderschöne Farbe. Fast ebenso fein ist sein Rivale vom linken Rhône-Ufer, der Lirac. Bekannt, wenn auch in nördlichen Breiten nicht zu bekommen, ist der Cavalaire. Meist wird man wohl auf die Rosé-Versionen der Côtes-de-Provence zurückgreifen, die fruchtig, frisch, trocken und aromatisch sind.

Roséweine schmecken vor allem gut zu Aufschnitt und Schinken, aber auch zu hellem Fleisch. Sie passen überall da, wo ein leichter Rotwein angebracht ist, zum Beispiel zum Picknick aus Früchten, Käse und Brot oder zu einem ländlichen Menü aus provenzalischen Spezialitäten. Sie können alle Gänge begleiten, da sie Elemente von Weiß und Rot aufweisen.

Die Weißweine

Von fast allen bekannten Weinnamen gibt es auch eine weiße Version, so zum Beispiel – wenn auch in kleinen Mengen – vom Châteauneuf-du-Pape. An oberster Stelle unter den Weißweinen steht der Cassis aus der Umgebung von Marseille. Pierrevert, Cavalaire, Tholonet aus der Umgebung von Aix sind liebenswerte regionale Spezialitäten, die Beachtung verdienen, aber außerhalb des Landes wohl kaum erhältlich sind. Alle Weißweine, vom preiswertesten bis zum teuersten, sind trocken und eignen sich als Begleiter der zahlreichen Fischgerichte und Fischsuppen, von Austern und Meeresfrüchten.

Was man sonst noch trinkt

Wer keinen Wein trinkt, sollte sich zum provenzalischen Essen am besten an Mineralwasser halten. Es verfälscht den Geschmack der Speisen nicht, und gerade die provenzalische Küche ist würzig genug, um für sich allein zu stehen.

Fruchtsirup mit eisgekühltem Wasser wird in der Provence wie überall in Frankreich gern zwischen den Mahlzeiten getrunken. Besonders beliebt ist neben dem Grenadine (Granatapfelsirup) auch der Pfefferminzsirup, der an heißen Tagen angenehm kühlend wirkt.

Zum Dessert, vor allem zu Weihnachten und am Dreikönigstag, trinkt man Vin cuit (gekochten Wein) oder gekochten Traubensaft mit oder ohne Gewürzen. Tradition haben aber auch die hausgemachten Liköre, die man nach dem Dessert zum Kaffee oder danach reicht. Beispiele dafür finden Sie auf Seite 69. Sie bestehen meist aus klarem Schnaps, in den man Früchte, Blüten, Gewürze – kurz, fast alles, was die reiche Natur des Landes bietet – einlegt.

Spezielle Küchentechniken

Damit Ihnen die provenzalischen Rezepte auch sicher gelingen, habe ich im folgenden einige Küchentechniken zusammengestellt, die Sie beherrschen sollten, um die Rezepte dieses Buches nachkochen zu können.

Das Blanchieren von Gemüse ist auch bei uns bekannt. Es bedeutet nichts weiter, als das Produkt kurz in kochendes Wasser zu tauchen, um Bitterstoffe zu entziehen oder die Weiterverarbeitung zu erleichtern.

Im Wasserbad bereitet man feine Cremes und Saucen auf der Grundlage von Ei oder auch Pasteten.

Zur Zubereitung von Cremes und Saucen wird ein kleineres Gefäß in einen größeren Topf mit Wasser gestellt und die Masse mit

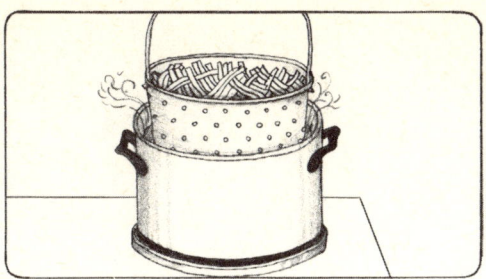

Zum Blanchieren eignet sich am besten ein Sieb, das etwas kleiner ist als der Wassertopf.

dem Schneebesen so lange im heißen Wasserbad geschlagen, bis sie cremig wird. Pastetenmasse stellt man in einer Pastetenform in ein größeres, mit Wasser gefülltes Gefäß und gart sie im Backofen.

Gebunden werden die Saucen häufig mit Eigelb, das man mit Milch, Sahne oder etwas Bouillon verquirlt. Hasen- oder Kaninchenragout (Civet) bindet man eigentlich mit Blut. Da das meist nicht möglich ist, empfehle ich Brotkrumen, das heißt durch ein Sieb gedrücktes Weißbrot ohne Rinde.

Das Pochieren von Eiern ist schwierig. Damit die Eier nicht zerfasern, sollten Sie sie zuerst in eine Untertasse schlagen und von dort in die leicht siedende, jedoch nicht sprudelnd kochende Flüssigkeit gleiten lassen. Pochiert werden auch feine Fische. Wichtig ist, daß das Wasser immer nahe am Sieden bleibt, ohne zu kochen.

Fleisch wird in der provenzalischen Küche gern langsam gegart, damit sich die Gewürze gegenseitig durchdringen. Hier haben sich schwere gußeiserne Töpfe mit vertieftem Deckel bewährt (siehe auf dieser Seite rechts). In ihnen geht nur wenig Flüssigkeit verloren, wenn das Gericht lange Zeit auf dem Herd steht.

Was Sie in der Küche brauchen

Die meisten Rezepte dieses Buches erfordern keine speziellen Küchengeräte, doch das eine oder andere kann Ihnen die Arbeit wesentlich erleichtern. In der folgenden Zusammenstellung finden Sie alles, was über die Grundausstattung hinausgeht.

Unentbehrlich ist der gußeiserne Schmortopf, am besten in emaillierter Form, da am leichtesten zu reinigen. Die schwarzen, nicht emaillierten Töpfe bewahrt man vor Rost, indem man sie nach dem Reinigen mit einer Speckschwarte ausreibt. Wenn Sie sich so einen Topf neu anschaffen, achten Sie auf den vertieften Deckel, der mit Eisstückchen oder kaltem Wasser gefüllt wird. Die Flüssigkeit der Speisen verdampft so während des Garvorgangs nicht, da sie an dem kühlen Deckelboden kondensiert und wieder in das Gericht tropft.

In der Provence ißt man gern Omeletten. Wenn Sie öfter welche zubereiten wollen,

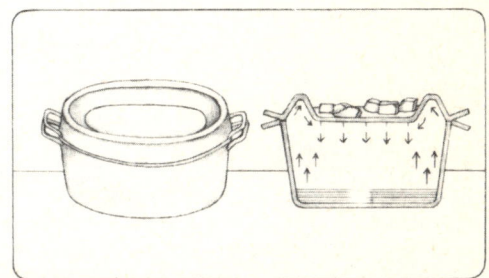

Praktisch ist ein gußeiserner Schmortopf mit vertieftem Deckel, in den man Wasser oder Eiswürfel gibt.

13

lohnt sich die Anschaffung einer speziellen Omelettepfanne. Madame Nazet aus Marseille beschreibt sie so: eine dicke, nicht zu schwere Pfanne von etwa 25 Zentimeter Durchmesser, die nur zu diesem Zweck verwendet wird, denn dann braucht man sie nach der Verwendung nicht zu waschen, sondern wischt sie nur mit Küchenkrepp aus. Wird die Pfanne dennoch gewaschen, ist es ratsam, sie anschließend etwas einzufetten.

In Frankreich gehört sie zur Grundausstattung jeder Küche, hierzulande kennt sie nur der Spezialist: die Pastetenform mit Deckel. Lassen Sie sich einmal eine schenken. Sie brauchen dem Spender nur zu versprechen, später die schönsten Pasteten daraus hervorzuzaubern. Die Pastetenform ist aus feuerfestem Porzellan, meist oval, außen orange und innen weiß, mit einem mehr oder weniger verzierten Deckel. Sehr praktisch ist auch ein ganzer Satz in verschiedenen Größen.

Eine feuerfeste Form ist in der provenzalischen Küche ebenfalls unentbehrlich, zum Beispiel für gratiniertes Gemüse, das in vielfachen Variationen zum Alltagsmenü gehört.

Der Mörser eignet sich zum Zerkleinern von Mandeln, aber auch von Gewürzen, die

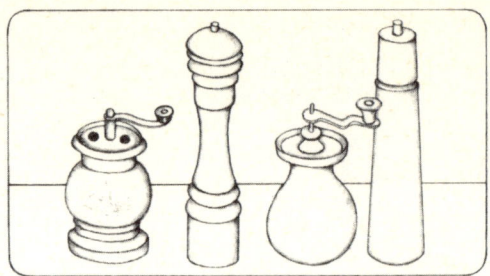

Welches Modell man auch für die Gewürzmühle wählt, wichtig ist, daß man jede Art separat mahlen kann.

man gleichzeitig mischt. Er ist mir für bestimmte traditionelle Gerichte lieber als der etwas stürmische elektrische Rührstab.

Wer frisch gemahlenen Pfeffer schätzt – und das ist der einzige wirklich würzige –, braucht mindestens zwei Pfeffermühlen, eine für schwarzen und eine für weißen Pfeffer.

Recht nützlich ist eine Rolle Küchengarn, denn in der provenzalischen Küche liebt man »Päckchen« vielerlei Art. Außerdem können Sie Geflügel damit zunähen. Dafür sollten Sie stets eine nicht zu kurze Nadel in der Küche aufbewahren, die nur zu Küchenzwecken gebraucht wird.

Zum Schluß sei noch auf die Knoblauchpresse hingewiesen. In der provenzalischen Küche ist sie so unentbehrlich wie der Knoblauch selbst. Sie brauchen die geschälte Zehe nur einzulegen und können das feine Mus direkt in die Speise drücken. Die Knoblauchpresse nach jedem Gebrauch sofort sorgfältig reinigen, sonst verkleben die feinen Löcher.

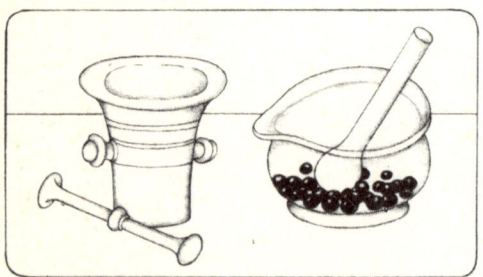

Zum Zerkleinern von Gewürzkörnern, aber auch von Mandeln und anderen Kernen, eignet sich der Mörser mit passendem Stößel.

Die besten Rezepte

Aus den vielen verlockenden provenzalischen Rezepten habe ich diejenigen herausgesucht, die sich in einer normalen Küche mit normaler Ausstattung verwirklichen lassen. Allerdings möchte ich Ihnen einige – wenn auch wenige – Rezepte präsentieren, deren Zutaten nicht in jedem Supermarkt zu bekommen sind. Dazu gehören ein paar Fischrezepte und die Pieds-paquets, zu denen Sie Hammelkutteln brauchen. Sie dürfen jedoch in einem Kochbuch über provenzalische Spezialitäten einfach nicht fehlen, und außerdem gibt es dank der Tiefkühltechnik immer mehr ausgefallene ausländische Delikatessen bei uns zu kaufen. Nicht zuletzt habe ich bei diesen Rezepten auch an die Provence-Reisenden gedacht, die in ihren Ferienhäusern die Gerichte des Landes selbst zubereiten wollen. Der weitaus größte Teil der Rezepte ist jedoch leicht zu realisieren – sowohl vom Einkauf als auch von der Küchentechnik her.

Die Zubereitungszeiten entsprechen dem mittleren Arbeitstempo einer Durchschnittshausfrau. Küchenneulingen rate ich, lieber ein paar Minuten dazuzurechnen, damit sie auch bei Arbeitsunterbrechungen nicht unter Streß geraten.

Die Mengen der Zutaten sind auf einen mittelgroßen Appetit abgestimmt. In Familien, wo sehr viel oder sehr wenig gegessen wird, müssen die Mengen entsprechend verändert werden. Doch das werden Sie selbst am besten wissen. Zur Not können Sie immer mit Brot ausgleichen. Noch ein Tip zum Schluß: Betrachten Sie das Kochen als Spaß. Lassen Sie sich nicht hetzen, sondern bitten Sie lieber einmal einen guten Freund in die Küche – zum Plaudern oder zum Helfen. Lassen Sie Ihren Gästen oder Ihrer Familie Zeit zwischen den Gängen. Das beste Menü schmeckt nur halb so gut, wenn die Stimmung fehlt. Die Provenzalen sind bäuerlich geblieben, sie erzählen sich bei den gemeinsamen Mahlzeiten noch gern Geschichten.

Versuchen Sie es mal – so ein provenzalisch verbrachter Abend kann wie ein Urlaubstag sein.

> Alle Zutaten sind, wenn nicht anders angegeben, für 4 Personen berechnet.

Ländliche Suppen

Suppen sind ein Hauptbestandteil der traditionellen bäuerlichen Küche in der Provence, sie sind sogar ein Hauptmerkmal. Die einfache Bauernsuppe, die oft allein die Mahlzeit bildete, war eine Kichererbsen- oder Linsensuppe, die man über Brotscheiben goß. Angereichert wurde diese Suppe mit einem kräftigen Schuß Olivenöl. Ich habe Ihnen eine Reihe von Suppen aufgeschrieben, so wie sie heute noch auf dem Lande und auch in den Städten gern gegessen werden, angefangen bei einer erfrischenden, leichten Kräutersuppe bis hin zur sättigenden Grünkernsuppe mit Fleisch, die schon den Übergang zum Fleischkapitel bildet. Die berühmten provenzalischen Fischsuppen, die als Mahlzeit für sich stehen, finden Sie im Kapitel »Fisch aus dem Mittelmeer«, Seite 30 ff.

Bouillon d'herbes rafraîchissant

Erfrischende Kräutersuppe

Eine Köstlichkeit an warmen Sommerabenden. Diese Suppe ist etwas für Landbewohner und Gartenbesitzer, die immer frische Kräuter zur Verfügung haben.

1 Stange Lauch (Porree) · 1 kleine Zwiebel · 2 Köpfe grüner Salat · 1 Handvoll Perlgraupen · je 1 Zweiglein Kerbel, Kresse, Sauerampfer und Portulak · Salz
Pro Person etwa 320 Joule/75 Kalorien

● Zubereitungszeit: 45 Minuten

So wird's gemacht: Den Lauch putzen und in feinste Scheibchen schneiden, die Zwiebel schälen und feinwürfeln. Den Salat waschen und die Blätter kleinzupfen. Alle Gemüse in einen Suppentopf geben. • 1 1/2 Liter Wasser angießen. Die Graupen zufügen. Den Kerbel, die Kresse, den Sauerampfer und den Portulak in die Suppe geben. Salzen. • Die Suppe etwa 30 Minuten kochen lassen. • Die Suppe durch ein Sieb passieren und sofort sehr heiß servieren.

Das paßt dazu: frisches helles Bauernbrot.

Soupe aigo-boulido

»Gekochtes Wasser«

Aigo boulido ist provenzalisch und bedeutet wörtlich »gekochtes Wasser«, was eine freundliche Untertreibung ist, denn tatsächlich handelt es sich um eine typisch provenzalische Suppe nach der bescheidenen Art früherer Zeiten.

Salz · 4 Knoblauchzehen · 1 Lorbeerblatt · 1 Eßl. Olivenöl · 1 Eigelb · 4–6 dünne Scheiben altbackenes Weißbrot
Pro Person etwa 360 Joule/85 Kalorien

● Zubereitungszeit: 25 Minuten

So wird's gemacht: In einen Suppentopf 1 Liter kaltes Wasser geben. Salzen. Die Knoblauchzehen schälen und hineinpressen. Das Lorbeerblatt im Ganzen zufügen. Das Öl unterrühren. • Die Suppe 15 Minuten kochen lassen. • In eine Suppenterrine das Eigelb geben. Die Suppe sehr heiß nach und nach unter ständigem Rühren über das Eigelb gießen. Die Brotscheiben in die Suppe geben.

Zum Bild auf Seite 17: Verschiedene grüne und ein roter Blattsalat erfreuen das Auge beim »Mesclun«. Rezept Seite 23.
◁ Die »Soupe au pistou« gibt es in unendlich vielen Variationen. Rezept auf dieser Seite.

Soupe au pistou

Gemüsesuppe Großmutter Art
Bild gegenüber

Diese Suppe stammt ursprünglich aus Genua, wird heute aber nur noch in der Provence gegessen.

Zutaten für 6 Personen:
500 g grüne Bohnen · 3–4 mittelgroße Kartoffeln · 2 Tomaten · 200 g Fadennudeln · Salz · Pfeffer · 3 Knoblauchzehen · 1 Zweiglein frisches oder ¼ Teel. getrocknetes Basilikum · 3–4 Eßl. Öl · 2 Eßl. geriebener Emmentaler Käse
Pro Person etwa 890 Joule/210 Kalorien

● Zubereitungszeit: 1¼ Stunden

So wird's gemacht: Die Bohnen putzen und in etwa 1 Zentimeter lange Stückchen schneiden. Die Kartoffeln schälen und feinwürfeln. Die Tomaten in kochendheißes Wasser tauchen, häuten und feinhacken. • Etwa 2 Liter Wasser in einen Suppentopf füllen und zusammen mit den Bohnen, den Kartoffeln und den Tomaten zum Kochen bringen. Etwa 40 Minuten kochen lassen. • Die Fadennudeln zugeben, die Hitze reduzieren und darauf achten, daß die Nudeln nicht anbrennen. Die Suppe soll ziemlich dickflüssig werden. • Wenn die Nudeln weich sind, die Suppe mit Salz und Pfeffer abschmecken. Vom Herd nehmen. • Die Knochlauchzehen schälen und in ein Schälchen pressen. Das frische Basilikum hacken, getrocknetes Basilikum zwischen den Fingern fein zerreiben und mit dem Knoblauch mischen. Das Öl mit dünnem Strahl zugeben. Aus den Kräutern, dem Knoblauch und dem Öl eine Paste rühren. 2 Schöpflöffel heiße Suppe zugeben, damit die Paste flüssig wird. Die Mischung in die Suppe gießen. Den Käse unterrühren und die Suppe nach nochmaligem Umrühren sehr heiß servieren.

Variante: Statt Kartoffeln und Fadennudeln, Zucchini und Karotten (Möhren) verwenden.

Das paßt dazu: Landbrot.

Soupe de haricots verts

Ländliche Bohnensuppe

Eine kräftige bäuerliche Vorsuppe zum »Souper« oder mit Brot zusammen eine kleine Hauptmahlzeit, wenn es hinterher noch ein sättigendes Dessert gibt.

500 g grüne Bohnen · 4 Kartoffeln · 2 mittelgroße Zwiebeln · 200–250 g roher Schinken oder Kasseler am Stück · Salz · Pfeffer
Pro Person 1445 Joule/345 Kalorien

● Zubereitungszeit: 20 Minuten
● Garzeit: 2 Stunden

So wird's gemacht: Die Bohnen putzen, eventuelle Fäden abziehen, waschen. Die Bohnen in etwa 4 Zentimeter lange Stücke schneiden. Die Kartoffeln und die Zwiebeln schälen. Die Bohnen zusammen mit den unzerkleinerten Kartoffeln und Zwiebeln mit etwa 1 Liter kaltem Wasser zum Kochen aufsetzen. Den Schinken oder das Kasseler in die kochende Suppe geben. Salzen, pfeffern. •

Die Suppe bei geringer Hitze mindestens 2 Stunden kochen lassen. • Vor dem Servieren die Kartoffeln und die Zwiebeln etwas zerdrücken, die Bohnen jedoch ganz lassen.

Soupe de courge à la mazarguaise

Kürbissuppe mit Lauch

Eine spätherbstliche Vorsuppe, nach der Sie ein leichtes Hauptgericht reichen sollten.

1 Scheibe Kürbis von etwa 500 g · 8–10 Kartoffeln · 3 Stangen Lauch (Porree) · 2 mittelgroße Zwiebeln · 4 Eßl. Öl · 4 Eßl. Margarine · Salz · Pfeffer · 1 Messerspitze geriebene Muskatnuß
Pro Person etwa 1460 Joule/350 Kalorien

● Zubereitungszeit: 30 Minuten
● Garzeit: 1 Stunde

So wird's gemacht: Den Kürbis schälen, Kerne entfernen. Die Kartoffeln schälen. Beides würfeln. • Den Lauch und die Zwiebeln schälen und in feine Scheibchen schneiden. • In einem großen Suppentopf das Öl und die Margarine erhitzen. Die Lauch- und die Zwiebelscheibchen darin glasig schmoren, aber nicht bräunen lassen. Die Kürbis- und die Kartoffelwürfel zugeben. Wenn alles gut durchgezogen hat, 1½ Liter heißes Wasser angießen. Salzen, pfeffern. Mit der geriebenen Muskatnuß würzen. Die Suppe gut 1 Stunde köcheln lassen. • Nach Beendigung der Garzeit die Suppe durch ein Sieb passieren. Heiß servieren.

Bouillabaisse borgne

»Einäugige« Bouillabaisse mit pochierten Eiern

Statt zweiäugiger Fische verwendet man für diese Bouillabaisse »einäugige« Eier. Ein bäuerliches Rezept, das anspruchslos aussieht, aber von der Hausfrau etwas Geschicklichkeit im Pochieren von Eiern erfordert (siehe auch Seite 13). Doch es lohnt sich, diese Kunst zu erlernen – am besten zuerst einmal im Familienkreis.

500 g Kartoffeln · 2 mittelgroße Stangen Lauch (Porree) · 1 Zwiebel · 3–5 Knoblauchzehen · 2 Tomaten · 2 Lorbeerblätter · 1 Zweiglein frisches Fenchelgrün oder 1 Messerspitze getrockneter Fenchel · 1 Stück Schale von einer unbehandelten Orange · 1 Zweiglein Petersilie · 4 Eßl. Olivenöl · 1½ lheißes Wasser · Salz · Pfeffer · 1 Prise Cayennepfeffer · 2 Päckchen Safran à 125 mg · 8 dünne Scheiben altbackenes, aber nicht hartes Weißbrot · 4–8 Eier · 2 Eßl. gehackte Petersilie
Pro Person etwa 1735 (2100) Joule/415 (500) Kalorien

● Zubereitungszeit: 45 Minuten

So wird's gemacht: Die Kartoffeln schälen und in etwa ½ Zentimeter dicke Scheiben schneiden. In kaltes Wasser legen. • Den Lauch und die Zwiebel schälen und kleinschneiden. Den Knoblauch schälen. Die Tomaten in kochendheißes Wasser tauchen und abziehen. Die Lorbeerblätter, den Fenchel, die Orangenschale und die Petersilie in ein Mullsäckchen stecken. • Das Öl in einem breiten Topf mit dickem Boden erhitzen. Den Lauch und die Zwiebelwürfel darin glasig schmoren, nicht bräunen lassen. Die Tomaten hinzufügen und mit dem Holzlöffel zerdrücken. Die Knoblauchzehen in die Suppe pressen. Mit dem heißen Wasser auffüllen. Das Mullsäckchen mit den Gewürzen in die Suppe hängen (siehe Seite 9). Salzen, pfeffern. Nach Belieben mit dem Cayennepfeffer schärfen. • Wenn das Wasser kocht, die Kartoffelscheiben hineingeben. Die Suppe kochen lassen, bis die Kartoffelscheiben weich sind. Den Safran zufügen. • Die Brotscheiben in eine Suppenterrine legen. • Jetzt die Eier in dem Sud pochieren: Die Eier nacheinander aufschlagen und einzeln in eine Untertasse geben. Schnell hintereinander in den leicht kochenden Sud gleiten lassen. Dafür die Hitze etwas reduzieren. Nach etwa 5 Minuten, wenn die Eier genügend gezogen haben, den Topf vom Herd nehmen. Mit einer Schöpfkelle den größten Teil der Suppe aus dem Topf in die Suppenterrine über die Brotscheiben gießen. • Die Kartoffeln und die Eier vorsichtig mit dem Schaumlöffel aus der restlichen Suppe heben und auf einer Servierplatte anrichten oder, wenn das Gericht in einem Serviertopf gekocht wurde, in dem Topf auf den Tisch bringen. • Die Suppe mit der gehackten Petersilie bestreuen und sehr heiß servieren. Die Eier und die Kartoffeln entweder getrennt nach der Suppe verzehren oder in einem Suppenteller alles erneut mischen.

Mein Tip Wenn es gerade keine wohlschmeckenden reifen Tomaten zu kaufen gibt, können Sie stattdessen 2 Eßlöffel Tomatenmark verwenden.

Soupe d'épeautre

Grünkernsuppe

Dies ist eine Suppe, die seltener in der Stadt, dafür um so häufiger auf dem Lande gegessen wird.

1 kg Lammschlegel oder -schulter · 1 Zwiebel · 2 Gewürznelken · 1 Knoblauchzehe · 1 kleine Sellerieknolle · 2 Karotten (Möhren) · 1 weißes Rübchen · 1 Stange Lauch (Porree) · Salz · 3–4 Handvoll Grünkern
Pro Person etwa 2750 Joule/650 Kalorien

- Zubereitungszeit: 30 Minuten
- Garzeit: 3 Stunden

So wird's gemacht: In einem großen Topf das Lammfleisch in 3 Liter Wasser zum Kochen aufsetzen und unter häufigem Abschäumen sieden lassen. • Die Zwiebel schälen und mit den Nelken spicken, die Knoblauchzehe schälen und feinhacken, die Sellerieknolle, die Karotten und das weiße Rübchen schälen und würfeln, den Lauch putzen und in Scheibchen schneiden. All diese Zutaten in die kochende Suppe geben. Salzen. Den Grünkern zufügen. Das Ganze etwa 3 Stunden kochen lassen. • Das Fleisch nach Beendigung der Garzeit aus der Suppe nehmen, vom Knochen lösen und feinwürfeln. Die Fleischwürfel wieder in die Suppe geben. • Sehr heiß servieren.

Varianten: Die Suppe durch ein Sieb gießen und als Vorgericht servieren. Fleisch und Gemüse danach als Hauptgericht verzehren. • In der Ardèche ißt man diese Suppe nicht mit Lammfleisch, sondern mit Kartoffeln (8–10 Stück) und Kasseler.

Vorspeisen im Sinne von Hors d'oeuvres gehören eigentlich nicht zur echt provenzalischen Küche. An ihrer Stelle stehen die Suppen oder auch Muschelgerichte. Doch heutzutage enthalten die urprovenzalischen Spezialitäten-Kochbücher auch einige Vorgerichte. Da die Salate, vor allem der bekannte und beliebte Nizza-Salat (Rezept auf dieser Seite) ebenfalls dazugehören, habe ich ein kurzes Kapitel den Vor- und Zwischengerichten sowie den Salaten gewidmet.

Salade niçoise I
Nizza-Salat I

Nizza-Salat gibt es in zahlreichen Variationen. Immer ist er frisch und sommerlich und bringt einen Hauch von Côte d'Azur in unsere kühleren Breiten. In Südfrankreich ißt man Salade niçoise auch gern zwischen zwei Brothälften (Baguette quer geteilt) als Zwischenmahlzeit.

1 Kopf grüner Salat · 500 g Tomaten · 1 kleine Dose Thunfisch (50 g) · 24 schwarze Oliven · 3 Eßl. Olivenöl · 1 Eßl. guter Weinessig · Salz · Pfeffer · 1 Prise getrocknete provenzalische Kräuter (Herbes de Provence)
Pro Person etwa 860 Joule/205 Kalorien

● Zubereitungszeit: 20 Minuten

So wird's gemacht: Den grünen Salat in einzelne Blätter zerlegen, waschen. Die Blätter auf vier flache Salatteller verteilen. • Die Tomaten waschen und in dünne Scheiben schneiden. Die Scheiben auf den Salatblättern anrichten. Den Thunfisch abtropfen lassen

und die Fischstücke darauflegen. Das Öl für die Salatsauce aufheben. Die Oliven auf den Tellern verteilen. • In einem Schüsselchen das Öl aus der Thunfischdose, das Olivenöl, den Essig, Salz und Pfeffer gut vermischen. Über den Salat gießen. • Die Kräuter zwischen den Fingern zerreiben und auf den Salat streuen.

Das paßt dazu: Weißbrot und ein Rosé.

Varianten: Statt Thunfisch empfiehlt Curnonsky, der große französische Meisterkoch, Anchovisfilets. • 1 kleine rohe, in Ringe geschnittene Zwiebel auf dem Salat verteilen.

Salade niçoise II
Nizza-Salat II

Diese Version des Nizza-Salates ist etwas kräftiger und würziger als die erste. Man reicht ihn entweder als Vorspeise oder auch nach dem warmen Fleischgericht.

1 Kopf grüner Salat oder Endiviensalat · 2 gelbe Paprikaschoten · 2 Stangen Bleichsellerie · 2 reife Tomaten · 2 hartgekochte Eier · 4 Anchovisfilets · 1 kleine Dose Thunfisch (50 g) · 10–12 schwarze Oliven · 1 Eßl. gehackte Petersilie · 1 Eßl. frisches oder 1 Teel. getrocknetes Basilikum · 5–6 Eßl. Olivenöl · 2 Eßl. Weinessig · Salz · Pfeffer
Pro Person etwa 1280 Joule/305 Kalorien

● Zubereitungszeit: 30 Minuten

So wird's gemacht: Den Blattsalat waschen, abtrocknen und in mundgerechte Stücke reißen. Die Blattstücke in eine Salatschüssel geben. Die Paprikaschoten waschen, die Kerne entfernen, die Schoten in Ringe schneiden und auf den Salatblättern verteilen. Die Selleriestangen waschen und in etwa 3 Zentimeter lange Stücke schneiden. Ebenfalls in die Schüssel geben. Die Tomaten waschen und vierteln. Die Eier schälen, halbieren und zusammen mit den Tomaten auf den Salat legen, die Anchovisfilets und die Thunfischstücke mit ihrem Öl auf dem Salat anrichten. Die Oliven, die Petersilie und das Basilikum darüberstreuen. • Aus dem Olivenöl, dem Essig, Salz und Pfeffer eine Salatsauce rühren und über den Salat träufeln. • Den Salat erst bei Tisch durchmischen.

Variante: Eine kleingewürfelte weiße Frühlingszwiebel unter den Salat mischen.

Mesclun

Provenzalischer Salat
Bild Seite 17

Eine Spezialität der Region um Nizza, die vor dem Hauptgang ebenso gut schmeckt wie unmittelbar danach.

100 g Radicchio · ¹/₂ Kopf Endiviensalat ·
¹/₂ Kopf grüner Salat · 2–3 Blätter Portulak ·
100 g Kerbel · 3 Knoblauchzehen · 1 Stück
Brotrinde oder 1 Brotkanten · 1 hartgekochtes
Ei · 4 Eßl. Olivenöl · 1 Eßl. guter Wein-
essig · 1 Teel. mittelscharfer Senf · Salz ·
Pfeffer
Pro Person etwa 640 Joule/155 Kalorien

● Zubereitungszeit: 20 Minuten

So wird's gemacht: Die Blattsalate waschen und in mundgerechte Stücke reißen. Den Kerbel waschen und mit den Blättern in einer Salatschüssel anrichten. • Den Knoblauch schälen. Die Brotrinde mit 2 Knoblauchzehen einreiben und dann in vier Stücke schneiden. Die Brotrinde in den Salat geben. Die restliche Knoblauchzehe durch die Knoblauchpresse in den Salat geben. • Das Ei hacken und über den Salat streuen. • Das Öl, den Essig und den Senf zu einer Salatsauce rühren. Salzen, pfeffern und unter den Salat heben.

Variante: Wenn es mal keinen Radicchio gibt, schwarze Oliven über den Salat streuen.

Le poisson de Rians

Reissalat aus Rians
Bild Seite 27

Rians ist ein kleiner Ort an einem Nebenfluß der Durance, das Gericht ein appetitlich garnierter Reissalat, für's Auge hübsch angerichtet und für den Gaumen delikat gewürzt. Am besten laden Sie sich ein paar Freunde dazu ein, dann lohnt sich die Arbeit.

Zutaten für 6 Personen:
300 g große Karotten (Möhren) ·
200 g rundkörniger Reis, am besten aus der
Camargue · Salz · 1 Bund Radieschen ·
2 Tomaten · 50 g schwarze Oliven · 1 Dose
Thunfisch (125 g) · Pfeffer · 4 Eßl. Öl ·
2–3 Eßl. Weinessig · ¹/₂ Zitrone (längs geteilt)
Pro Person etwa 1345 Joule/320 Kalorien

● Zubereitungszeit: 1 Stunde
● Ruhezeit: 30 Minuten

So wird's gemacht: 2 Liter Wasser in einem großen Topf zum Kochen bringen. • Die Möhren putzen und im Ganzen in einem zweiten Topf in etwa 30 Minuten gar kochen. • Den Reis inzwischen in ein Sieb geben und mit kaltem Wasser abbrausen. Wenn das Wasser kocht, den Reis in das kochende Wasser geben, salzen und im offenen Topf bei geringer Hitze 15 Minuten kochen lassen. • Den Reis in ein Sieb schütten, kalt abbrausen und abtropfen lassen, dann in eine Schüssel geben und beiseite stellen. • Die Wurzelansätze und die Stengel von den Radieschen entfernen. Die Radieschen waschen und feinwürfeln. Die Tomaten in kochendheißes Wasser tauchen, abziehen und ebenfalls feinwürfeln. Oliven und Thunfisch abtropfen lassen und in kleine Würfel schneiden. • Radieschen-, Tomaten-, Oliven- und Thunfischwürfel bis auf 1 Olivenwürfelchen unter den abgekühlten Reis mischen. Salzen, pfeffern. • Öl und Essig gut miteinander verrühren und vorsichtig unter den Reis ziehen. • Den Reissalat auf einer länglichen Aufschnittplatte anrichten und einen Fisch daraus formen. Drei Viertel der gegarten Möhren in dünne runde Scheiben, den Rest in ovale Scheiben schneiden. Die runden Scheiben wie Schuppen auf dem »Fisch« anordnen. Die länglichen Scheiben als »Flossen« verwenden. Die halbe Zitrone an das eine Ende als »Kopf« legen, das Olivenstückchen als »Auge« auf die Zitronenhälfte legen. • Den Salat etwa 30 Minuten durchziehen lassen und servieren.

Das paßt dazu: ein trockener Weißwein.

Tapénade
Olivenpaste mit Kapern

Der Name dieser Paste stammt von der provenzalischen Bezeichnung für Kapern, tapénos. Sie ist die Schöpfung eines Marseiller Gastronomen aus dem vorigen Jahrhundert, und man nennt sie auch »provenzalischer Kaviar«.

300 g schwarze Oliven · 1 Dose Anchovisfilets (100 g) · 1 Dose Thunfischfleisch (100 g) · 1 Teel. scharfer Senf · 200 g Kapern · 0,2 l bestes Olivenöl · Pfeffer · 1–2 Schnapsgläschen Cognac (2–4 cl)

● Zubereitungszeit: 45 Minuten

So wird's gemacht: Die Oliven entsteinen. Die Anchovisfilets und den Thunfisch aus der Dose nehmen und abtropfen lassen. Alles zusammen in einen Mörser geben und zerreiben oder mit dem elektrischen Rührstab zerkleinern. • Den Senf unterrühren. Die Kapern abtropfen lassen, sehr fein hacken und ebenfalls unterrühren. • Das Öl mit dünnem Strahl zugeben und mit dem Schneebesen oder dem Elektroquirl darunterschlagen. Mit reichlich Pfeffer würzen, jedoch nicht salzen, da die Anchovis schon genügend Salz enthalten. Nach Geschmack mit dem Cognac parfümieren. • Die fertige Paste in ein verschließbares Glas geben und im Kühlschrank aufbewahren.

Paßt zu: Toast, aber auch zu hartgekochten Eiern, deren Eigelb man entfernt und mit der Paste mischt. Die Eiweißhälften werden dann mit der Paste gefüllt.

Les omelettes provençales

Omeletten auf typisch provenzalische Art

In der Provence werden Omeletten aller Art, heiß oder kalt, zu allen möglichen Gelegenheiten verzehrt: als Vorspeise, als Zwischengericht, als Picknick-Mahlzeit bei einem Ausflug auf dem Lande und als kleines Hauptgericht. Im folgenden stelle ich Ihnen drei Arten und das Grundrezept vor, das Sie nach Phantasie weiter variieren können. Wenn auch die Zubereitung einer Omelette auf den ersten Blick einfach erscheint, sollten Sie sich beim erstenmal genau an die Regeln halten.

Grundrezept:
8 Eier · Pfeffer · Salz · 2 Eßl. Milch · 4 Eßl. Olivenöl oder 2 Eßl. Olivenöl und 2 Eßl. Erdnußöl oder die gleiche Menge Butter oder Margarine
Pro Person etwa 1150 Joule/275 Kalorien

● Zubereitungszeit: 15 Minuten

So wird's gemacht: Die Eier immer erst kurz vor dem Gebrauch aufschlagen und in eine flache Schüssel geben. 4–5mal mit einer Gabel schlagen, nicht öfter, sonst wird die Masse zu schaumig. Pfeffern, salzen. Die Milch unterrühren. · Die Pfanne (siehe Seite 13 f.) auf die voll aufgedrehte Gasflamme oder eine hoch erhitzte Elektro-Kochplatte stellen. Das Fett hineingeben und erhitzen. Wenn das Fett sehr heiß ist (bei Butter aufpassen, daß sie nicht bräunt), die Eimasse schnell in die Mitte der Pfanne gießen. Mit der Gabel von außen zur Mitte hin ruhig und gleichmäßig ein paar

Minuten umrühren. Dann die Pfanne leicht schütteln. Wenn die Eimasse gestockt, aber noch halb flüssig ist, noch 4–5 Sekunden bei reduzierter Hitze auf dem Herd stehen lassen. • Die echt provenzalische Omelette wird umgedreht und kurz auf der anderen Seite gebraten. Am besten verwenden Sie dazu einen Topfdeckel in der passenden Größe oder noch einfacher einen Pfannenwender. • Die Omelette auf der anderen Seite noch 4–5 Sekunden braten und auf die Servierplatte gleiten lassen.

Omelette à l'oignon

Zwiebelomelette

Die Zwiebelomelette ist ein traditionelles Vorgericht der Provence. Früher ließ man die Zwiebeln ganz langsam auf einer Ecke des Kohleherdes von morgens bis abends durchschmoren. Heute begnügen wir uns mit 1 Stunde, doch Madame Nazet von der Groupe Folklorique meint, 2 Stunden seien noch besser.

500 g Zwiebeln · 6 Eßl. Öl · Salz · 8 Eier · Pfeffer
Pro Person etwa 1520 Joule/365 Kalorien

● Zubereitungszeit: 45 Minuten
● Garzeit der Zwiebeln: mindestens 1 Stunde

So wird's gemacht: Die Zwiebeln schälen und sehr fein hacken. • 4 Eßlöffel Öl in einer Pfanne nicht zu stark erhitzen. Die Zwiebeln hineingeben. Salzen. Die Pfanne zudecken und die Zwiebeln bei geringer Hitze mindestens 1 Stunde schmoren lassen. Während

Der hübsche Fisch, aus würzigem Reissalat geformt, ▷
wird Ihren Gästen gefallen. Rezept für
»Poisson de Rians« Seite 23.

dieser Zeit die Zwiebelmasse immer wieder umrühren, damit sie nicht braun wird. • Nach 1 Stunde die Herdplatte ausschalten. • Die Eier in einer Schüssel wie im Grundrezept auf Seite 25 angegeben schlagen, salzen, pfeffern. • Die Zwiebeln aus der Pfanne nehmen und dabei das Öl abtropfen lassen. Die Zwiebelmasse unter die Eier mischen. Kurz schlagen. • Den Rest Öl in die Omelettepfanne geben und die Omelette wie im Grundrezept beschrieben braten. • In der Provence ißt man die Zwiebelomelette heiß oder kalt.

Das paßt dazu: ein Rosé.

Omelette de lard

Speckomelette

Speckomelette war in alten Zeiten das traditionelle Ostermontagsgericht in der Provence. Man nahm sie gern kalt als Wegzehrung auf die Landpartie mit.

8 Eier · 150 g durchwachsener Speck · 4 Eßl. Öl oder anderes Bratfett · Pfeffer · Salz
Pro Person etwa 2130 Joule/510 Kalorien

● Zubereitungszeit: 25 Minuten

So wird's gemacht: Die Eier aufschlagen und in eine Schüssel geben. • Die Schwarte von dem Speck entfernen. Den Speck in Würfel von etwa 1 Zentimeter Kantenlänge schneiden. Die Würfel in kochendheißes Wasser geben, bis sie glasig werden. Die Speckwürfel abtropfen lassen. • Das Öl oder das Fett in der Omelettepfanne erhitzen. Die Speckwürfel

hineingeben und leicht anrösten. • Während die Speckwürfel braten, die Eier kurz schlagen. Die Masse pfeffern und ganz leicht salzen; da der Speck schon Salz abgibt, eventuell das Salz weglassen. • Die Eimasse rasch in die Pfanne auf die Speckwürfel gießen. Umrühren, wenden und servieren, wie im Grundrezept auf Seite 25 angegeben.

Das paßt dazu: ein roter provenzalischer Landwein.

Omelette d'épinards à la niçoise

Spinatomelette Nizza-Art

Spinat mit Knoblauch ist in der Provence sehr beliebt und wird daher in allen möglichen Kombinationen zubereitet.

500 g Spinat, roh oder tiefgefroren · 6 Eßl. Öl · 2 Knoblauchzehen · 3 Zweiglein Petersilie · 2 Zweiglein frisches oder $1/4$ Teel. getrocknetes Basilikum · 8 Eier · 40 g geriebener Parmesankäse · Salz · Pfeffer
Pro Person etwa 1540 Joule/370 Kalorien

● Zubereitungszeit: 1 Stunde

So wird's gemacht: Den Spinat putzen und waschen. Die Blätter in reichlich kochendem Wasser 5 Minuten blanchieren, abtropfen lassen und grobhacken. Tiefgefrorenen Spinat nach Anweisung auf der Packung auftauen. • 2 Eßlöffel Öl in einer Pfanne erhitzen, den Spinat hineingeben und etwa 5 Minuten unter Umrühren durchschmoren lassen. • Den

◁ Picknickmahlzeit oder Vorspeise sind die »Farcis à la provençale«, die mit Hackfleisch gefüllten Gemüse. Rezept Seite 57.

Knoblauch schälen und feinhacken. Die Petersilie und das frische Basilikum waschen, hacken und mit dem Knoblauch mischen, getrocknetes Basilikum zwischen den Fingern zerreiben und einstreuen. • Die Eier, wie im Grundrezept auf Seite 25 angegeben, schlagen. Die Kräuter-Knoblauch-Mischung sowie den Parmesankäse unterrühren, am Schluß den Spinat dazugeben. Alles gut mischen, salzen, pfeffern. • Das restliche Öl in der Omelettpfanne erhitzen und die Omelette braten, wie im Grundrezept angegeben.

Pâté de foies de volaille

Geflügelleberterrine nach Art der Schwiegermutter

Ein Rezept von Madame Nazet, das ihr sehr am Herzen liegt – genauso wie ihre Schwiegermutter.

Zutaten für eine mittelgroße Terrine:
500 g Geflügelleber von Gans, Ente oder Hähnchen · 250 g Kalbfleisch (Schnitzelfleisch oder Hals) · 250 g Schweinefleisch (Halsgrat oder Schnitzelfleisch) · Salz · Pfeffer · Vier-Gewürze-Mischung (siehe Seite 8) nach Geschmack · 500 g Schmalz · 1 Schnapsgläschen Armagnac oder Cognac (2 cl) · Speckschwarte zum Auslegen des Terrinenbodens · 1 Lorbeerblatt · 1 Zweiglein Thymian

- Zubereitungszeit: 45 Minuten
- Ruhezeit: 24 Stunden
- Garzeit: 2 Stunden

So wird's gemacht: 3 oder 4 Geflügellebern beiseitelegen. Die restlichen Lebern und das Fleisch durch den Fleischwolf drehen oder mit dem elektrischen Fleischhacker zerkleinern. Die Masse salzen und pfeffern. Die Gewürze, das Schmalz und den Cognac oder Armagnac hineinkneten. Den Teig an einem kühlen Platz 24 Stunden ruhen lassen. • Am nächsten Tag den Boden einer feuerfesten Form mit Deckel mit der Speckschwarte auslegen. Die Hälfte des Fleischteiges einfüllen und gut andrücken, damit möglichst keine Luft dazwischen bleibt. Die ganzen Lebern auf dem Fleischteig anordnen. Die zweite Hälfte des Fleischteiges daraufgeben und andrücken. Obenauf das Lorbeerblatt und den Thymian legen. Die Form zudecken. • Die Form in einen größeren Topf mit etwa 3 Finger hoch Wasser stellen. Den Backofen auf 260°C (Gas Stufe 6) vorheizen. Die Terrine auf der unteren Schiebeleiste 2 Stunden garen. Ab und zu nachsehen, ob das Wasser in dem äußeren Topf verdampft ist. Wenn nötig, kaltes Wasser nachgießen. • 10 Minuten vor Ende der Garzeit den Deckel abnehmen und die Terrine leicht bräunen lassen. Die Terrine hält sich kühl gestellt bis zu 1 Monat.

Varianten: Statt des Frischfleischs können Sie die gleiche Menge Brät verwenden. Statt des Cognacs oder Armagnacs können Sie auch 1 Glas trockenen Weißwein (0,1 l) an den Fleischteig geben. Ein paar Trüffelscheibchen, obenauf gelegt, schaden der Terrine keinesfalls!

Fisch aus dem Mittelmeer

Hier gerät der Autor in ein Dilemma – soll man wirklich Fischgerichte empfehlen, wenn das Meer mehrere hundert Kilometer entfernt ist? Ich meine, ja. Mit der Verbesserung der Tiefkühltechnik kommen immer mehr Mittelmeerfische zu uns. Andererseits entschließen sich immer mehr Urlauber zur eigenen Küche, sei es beim Camping oder im Ferienhaus. Wann ist die Gelegenheit günstiger, Spezialitäten anderer Länder auszuprobieren als im Urlaub? Man hat Zeit, und der Einkauf auf dem Fischmarkt ist ein Urlaubsvergnügen für sich. Und wer einmal provenzalische Fischgerichte probiert hat, der wird auch zu Hause seinen Freunden etwas von den Urlaubsfreuden mitteilen wollen. Sie werden sehen – so mancher, der beim Vorzeigen ihrer Urlaubsfotos ein Gähnen nicht unterdrücken konnte, wird hellwach, wenn Sie ihm bei einem provenzalischen Menü von Land und Leuten erzählen. Eine Liste der deutschen und französischen Fischnamen soll Ihnen im Urlaub als Einkaufshilfe dienen (siehe Seite 10). Am Schluß des Kapitels (Seite 35) finden Sie ein Fischrezept, das eigentlich nicht hierher gehört, denn es betrifft Süßwasserfische. Es ist für diejenigen gedacht, die an ihrem Ort vielleicht keine Mittelmeerfische zu kaufen bekommen und trotzdem nicht auf die Freuden einer Bouillabaisse verzichten wollen.

Bouillabaisse

Fischsuppe Mittelmeer

Viele unserer Freunde meinten früher, Bouillabaisse könne man nur in der Provence im Angesicht des Meeres genießen. Das mag richtig sein. Aber soll man andererseits während der Pausen zwischen zwei Besuchen in Südfrankreich ganz auf dieses Vergnügen verzichten? Ich meine, man sollte die Feste feiern, wie sie fallen. Dieses Rezept gelingt Ihnen bestimmt, es ist nicht schwierig zu verwirklichen, und unsere Freunde haben ihre Meinung, was den Bouillabaisse-Genuß in nördlichen Breiten betrifft, längst geändert.

1 kg tiefgefrorene Mittelmeerfische · 1 Zwiebel · 4 gekochte Kartoffeln · 4 große Tomaten · 4 Eßl. Olivenöl · 4 Knochlauchzehen · 1 Eßl. gehackte Petersilie · 4 Lorbeerblätter · 4 Päckchen Safran (à 125 mg) · Salz · Pfeffer · 8 kleine Scheiben Weißbrot Pro Person etwa 2300 Joule/550 Kalorien

● Auftauzeit: 2 Stunden
● Zubereitungszeit: 1 Stunde
● Garzeit: 15–20 Minuten

So wird's gemacht: Die Fische auftauen lassen, sorgfältig waschen, wenn notwendig schuppen und ausnehmen. Die Köpfe und Schwänze abschneiden, die Flossen mit den daran hängenden Gräten entfernen. • Die Zwiebel schälen und feinhacken. Die gekochten Kartoffeln in Scheiben schneiden. Die Tomaten in kochendheißes Wasser tauchen, abziehen und kleinschneiden. • In einen großen Topf das Olivenöl und die Zwiebelstückchen geben, bei großer Hitze leicht anbräunen lassen. Die Tomaten zufügen. Die Knoblauchzehen schälen und hineinpressen. Die Gewürze und die Kartoffelscheiben zufügen. Die Hitze reduzieren. • Während die Mischung sanft köchelt, 1 Liter Wasser zum Kochen bringen. • Die Fische nach etwa 10 Minuten in den Topf mit der Kartoffelmischung legen, kurz ziehen lassen, dann das kochende Wasser angießen. • Die Hitze wieder auf höchste Stufe stellen

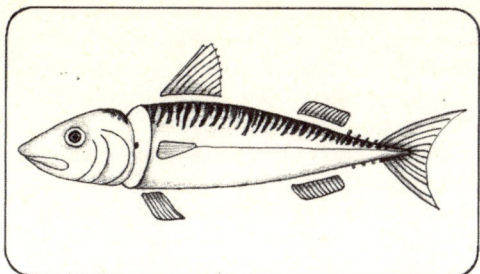

Kopf und Flossen der Fische werden nach dem
Ausnehmen mit einem scharfen Messer abgetrennt.

und die Suppe 15–20 Minuten kochen lassen. • Inzwischen die Brotscheiben trocken in
einer Pfanne rösten. • Nach Beendigung der
Garzeit die Fische vorsichtig aus der Suppe
heben und auf eine vorgewärmte Platte legen.
Die Kartoffelscheiben um die Fische herum
anrichten. • Die gebackenen Brotscheiben in
eine Suppenterrine legen und den Sud darübergießen. • Jeder Gast bekommt einen
Suppenteller und einen flachen Teller. Zuerst
reicht man den Fisch, den sich jeder auf dem
flachen Teller zurechtmacht und dann in den
tiefen Teller legt. Die Kartoffelscheiben dazugeben und die Suppe mit den Brotscheiben
darübergießen.

Das paßt dazu: Rouille (scharfe Pfeffersauce,
Rezept Seite 59), Weißbrot und Weißwein.

Mein Tip Drachenkopf, Petersfisch,
Knurrhahn und Seeteufel gehören unter anderen zu den klassischen Bouil-
labaisse-Fischen. Hier verwenden wir
immer die Fische, die es in Geschäften
für südländische Spezialitäten gibt.

Bourride
Fischsuppe mit Aioli

Neben der Bouillabaisse hat auch die Bourride ihre Freunde und Verfechter, die sie der
bei uns bekannten Konkurrentin vorziehen.
Da es immer mehr tiefgefrorene Mittelmeerfische bei uns zu kaufen gibt, schlage ich sie in
der Original-Zusammensetzung vor. Pro-
vence-Urlauber finden die französischen Namen einiger Fische auf Seite 10. Die Aioli bereiten Sie nach dem Rezept auf Seite 59 am
besten vorher zu.

Für 6 Personen:
etwa 1500 g Fisch: Seeteufel, Seehecht,
Merlan · 1 Zwiebel · 1/2 Teel. getrockneter
Thymian · 1/2 Teel. getrockneter Fenchel ·
1 Lorbeerblatt · 1 Stück Schale von einer
unbehandelten Orange · Pfeffer · Salz ·
12 Scheiben Weißbrot, etwa 1 cm dick ·
Aioli (siehe Rezept Seite 59) · 12 Eigelbe ·
1 Eßl. gehackte Petersilie
Pro Person etwa 2680 Joule/640 Kalorien
(ohne Aioli)

● Zubereitungszeit: 1 1/2 Stunden

So wird's gemacht: Die Fische, soweit notwendig, schuppen, ausnehmen, säubern, Köpfe, Schwänze und Flossen abtrennen. Die Fische in portionsgerechte Stücke schneiden •
Die Zwiebel schälen und feinhacken. Die
Zwiebel, den Thymian, den Fenchel, das Lorbeerblatt und die Orangenschale in einen großen Topf geben. Die Fische darauflegen. So
viel heißes Wasser angießen, daß das Wasser
1–2 Finger breit über den Fischen steht. Pfeffern, salzen und bei sehr großer Hitze etwa 10
Minuten kochen lassen. • Während die Fische

kochen, das Brot in einer großen, flachen Schüssel oder einer vertieften Servierplatte auslegen. • Den Topf nach Beendigung der Garzeit vom Herd nehmen. Mit einem Schöpflöffel etwas Fischbrühe über die Brotscheiben gießen, so daß diese sich vollsaugen, aber nicht schwimmen. • 12 Eßlöffel Aioli in eine feuerfeste Form oder einen Topf geben. Die Eigelbe unter die Aioli mischen und mit einem Holzlöffel gut verrühren. Nach und nach unter Umrühren die gesamte Fischbrühe zugeben. Die Fische warm stellen. • Wenn die Aioli vollkommen in der Fischbrühe aufgelöst ist, die Suppe ganz langsam erwärmen, aber keinesfalls kochen lassen, bis sie eindickt. Wahrscheinlich ist die kleinste Gasflamme schon zu heiß. Stellen Sie den Topf sicherheitshalber in ein Wasserbad (siehe Seite 12), damit die Flüssigkeit auf keinen Fall stockt. Die Suppe ist genügend eingedickt, wenn sich der Holzlöffel mit einer leichten Schicht überzieht. • Die cremige Suppe jetzt über die Brotscheiben gießen. Eventuell etwas gehackte Petersilie darüberstreuen. • Die Fische auf einer Platte anrichten und je nach Wunsch der Gäste dazu oder danach servieren.

Das paßt dazu: weitere Aioli und Brot sowie ein trockener Weißwein.

Mein Tip Die im Rezept für Aioli auf Seite 59 angegebene Menge auf der Basis von 1/2 Liter Öl müßte für 6 Personen ausreichen. Wenn Sie und Ihre Lieben eine Aioli-Schlemmerei veranstalten wollen, verwenden Sie entsprechend mehr Zutaten.

Oursinade

Fischgericht mit Seeigelcreme

Seeigelcreme ist eine südfranzösische Spezialität, die diesem Gericht die besondere Note gibt. Man öffnet den Mund des Seeigels mit einem spitzen Messer und vergrößert die Öffnung ringsum mit einer Schere, so daß das Seewasser abfließen kann. Die Seeigel werden dann 3 Minuten in Salzwasser gekocht. Man schabt das Fleisch mit einem Löffel heraus. Diese Seeigelcreme wird für das Rezept benötigt. Leider gibt es sie bisher nicht in Form von Konserven. Dies ist also ein echtes Urlaubsgericht, zumal wenn Sie Spaß daran finden, die Seeigel selbst zu sammeln.

etwa 1500 g Mittelmeerfisch, zum Beispiel Seeteufel, Wolfsbarsch, Goldbrasse, Seezunge · 1 Zwiebel · 1 Karotte (Möhre) · 1/2 Bund Petersilie · 2 Gläser Weißwein (2/10 l) · Salz · Pfeffer · 1 Lorbeerblatt · 3 Eßl. Butter · 6 Eigelbe · etwa 200 g Seeigelcreme · 8–12 Scheiben altbackenes Weißbrot, etwa 1 cm dick Pro Person etwa 2470 Joule/590 Kalorien

● Zubereitungszeit: 45 Minuten

So wird's gemacht: Die Fische säubern und von Köpfen, Schuppen und Flossen befreien. In Portionsstücke teilen. • Die Zwiebel schälen und feinhacken, die Karotte in dünne Scheibchen schneiden. Die Petersilie waschen und feinhacken. • In einen nicht zu tiefen großen Topf 1/2 Liter Wasser füllen, den Weißwein dazugießen. Salzen, pfeffern. Die Zwiebelwürfelchen, die Karottenscheiben und die Petersilie zusammen mit dem Lorbeerblatt in den Topf geben. Die Fischportionen hineinlegen, den Deckel auf den Topf setzen und den Fisch etwa 10 Minuten bei mittlerer Hitze sieden lassen. Den Topf vom Herd nehmen. • In einer Kasserolle die Butter mit den Eigelben im Wasserbad (siehe Seite 12) mischen. Drei Viertel der Fischsuppe nach und nach mit dem Schneebesen unterrühren. Am Schluß die Seeigelcreme zugeben und gut untermischen. • Die Brotscheiben in eine vertiefte Servierplatte legen. Den Rest der Fischbrühe darübergießen, so daß die Brotscheiben getränkt sind, aber nicht schwimmen. Dann die Sauce mit der Seeigelcreme gleichmäßig auf den Brotscheiben verteilen. • Den Fisch auf einer zweiten Platte anrichten. Beides zusammen servieren.

Sardines farcies aux épinards

Gefüllte Sardinen mit Spinat
Bild 3. Umschlagseite

Eine köstliche warme Vorspeise oder ein Hauptgericht, wenn Sie die Zutaten verdoppeln. Das würzige Aroma der Sardinen paßt gut zu dem herben Geschmack des Spinats. Zudem sieht das Gericht hübsch aus.

500 g große Sardinen · 300 g frischer oder tiefgefrorener Spinat · Salz · 1 Zwiebel · 1 Tasse Milch (etwa 0,1 l) · etwa 5 Eßl. Olivenöl · 1 gestrichener Eßl. Mehl · Pfeffer · 1 Messerspitze geriebene Muskatnuß · 2 Knoblauchzehen · etwa 2 gestrichene Teel. Semmelbrösel
Pro Person etwa 1450 Joule/345 Kalorien

• Zubereitungszeit: $1^1/2$ Stunden

<u>So wird's gemacht:</u> Die Sardinen ausnehmen, schuppen, waschen. Die Köpfe abschneiden, die Schwänze daranlassen. Die Fische an der Bauchseite öffnen und die Mittelgräte sorgfältig entfernen. Die aufgeklappten Fische mit der Innenseite nach oben auf ein Tuch legen. • Frischen Spinat verlesen, putzen und waschen. 5 Minuten in kochendem Salzwasser blanchieren. Dann den Spinat abtropfen lassen, gut ausdrücken und feinhacken. • Tiefgefrorenen Spinat nach Anweisung auf der Packung auftauen, dann wie frischen Spinat verwenden. • Die Zwiebel schälen und feinhacken. • Die Milch erhitzen. • Die Zwiebelwürfel in einem Schmortopf mit 2 Eßlöffel Olivenöl glasig schmoren. Den Spinat zufügen und bei geringer Hitze unter Umrühren einige Minuten mitschmoren lassen. Das Mehl darüberstäuben. Umrühren. Die heiße Milch dazugeben. Mit Salz, Pfeffer und der geriebenen Muskatnuß würzen. Die Masse soll ziemlich dickflüssig werden. Eventuell noch etwas Mehl nachgeben. Das Ganze nun bei geringer Hitze noch 15–20 Minuten köcheln lassen. Zum Schluß die Knoblauchzehen schälen und in die Masse pressen. Noch einmal umrühren und den Topf vom Herd nehmen. • Je 1 gehäuften Teelöffel Spinatmasse auf die Sardinen geben. • Den Boden einer großen, flachen, feuerfesten Form leicht einölen. Den Rest des Spinats hineinschichten. • Die Sardinen vom Kopf zum Schwanz hin aufrollen. Die Rouladen auf das Spinatbett setzen. Alles dünn mit den Semmelbröseln bestreuen. Das restliche Öl darüberträufeln. • Im vorgeheizten Backofen auf der mittleren Schiebeleiste bei 280 °C (Gas Stufe 7–8) 10 Minuten überbacken.

Terrine de poisson de Saint-Giniez

Würzige Fischterrine

Die Menge der Zutaten reicht für 2 Terrinen, für insgesamt etwa 15 Personen. Natürlich können Sie auch die Hälfte davon zubereiten, doch lohnt sich die Arbeit eher, wenn Sie die Terrine gleich für eine größere Runde herstellen. Wie wär's mit einem sommerlichen Gartenfest? Sie können die Fischsorten natürlich je nach Marktlage abwandeln und, wenn Sie sich für eine kleinere Menge entscheiden, auch einige weglassen. Ich möchte Ihnen das Rezept so weitergeben, wie es Madame Nazet von der Groupe Folklorique empfiehlt.

2 kg Fisch, zum Beispiel Seeteufel, roter Knurrhahn, Merlan oder andere Fische mit viel Geschmack · 1 Zwiebel · 1 Karotte (Möhre) · 5 Pimentkörner · 1 Lorbeerblatt · 1 l Sahne · 4 Eier · 4 Eigelbe · Salz · Pfeffer · 1 Teel. Vier-Gewürze-Mischung (siehe Seite 8) · etwa 125 g Butter · 6 Blatt Gelatine · Lorbeerblätter und/oder Kräuterzweiglein zum Garnieren

- Zubereitungszeit: 1¹/₂ Stunden
- Garzeit der Terrine: 1¹/₂ Stunden
- Ruhezeit: 24 Stunden

So wird's gemacht: Die Fische, wenn notwendig, ausnehmen, die Köpfe abschneiden. Haut und Gräten entfernen, die Haut wegwerfen. Die Gräten und die Köpfe gut waschen und in einen Topf geben, so viel Wasser angießen, daß sie bedeckt sind. • Die Zwiebel schälen und feinhacken. Die Karotte in dünne Scheiben schneiden. Die Zwiebelstücke und die Karottenscheiben zusammen mit den Pimentkörnern und dem Lorbeerblatt zu den Fischköpfen und -gräten geben. Den Sud etwa 1¹/₂ Stunden kochen lassen. • Inzwischen das Fischfleisch durch den Fleischwolf drehen. Das Püree mit der Sahne mischen. Die ganzen Eier aufschlagen und nacheinander unterrühren. Anschließend die Eigelbe zugeben. Alles sehr gut mischen. Die Masse salzen und mit reichlich Pfeffer würzen. Mit der Vier-Gewürze-Mischung abschmecken. • Die beiden Terrinen dick mit Butter ausstreichen. Die Fischmasse einfüllen. Beide Formen zudecken. • Den Backofen auf 200°C (Gas Stufe 3) vorheizen und die Terrinen im Wasserbad (siehe Seite 12) in 1¹/₂ Stunden garen. • Nach Beendigung der Garzeit die Terrinen aus dem Backofen nehmen. Die Deckel abnehmen und die Terrinen abkühlen lassen. • Für das Gelee den Fischsud durch Filterpapier gießen. Die Blattgelatine in kaltem Wasser einweichen. Ausdrücken. Die Fischbrühe noch einmal erhitzen, wenn sie durch das Filtern abgekühlt ist, und die Gelatine darin auflösen. • Das Gelee auf die abgekühlte Fischmasse geben und gleichmäßig verteilen. Nach Wunsch mit Lorbeerblättern und Kräuterzweiglein dekorieren. • Die Terrine erst am nächsten Tag auf den Tisch bringen.

Varianten: Würziger wird die Terrine, wenn Sie das Fleisch von Meerspinnen oder Taschenkrebsen in Würfel geschnitten unter die Farce rühren. Auch Krabbenfleisch aus der Dose kann dafür verwendet werden. Meerspinnen wie auch Krabben gibt es an der Küste fertig gekocht zu kaufen. Sie müssen das Fleisch nur aus den Panzern lösen. • Verfeinert wird die Terrine durch die Zugabe von

Scampi- oder Garnelenschwänzen, die Sie ausgelöst im Ganzen unter die Farce mischen, oder auch durch Muschelfleisch, frisch aus den Schalen gelöst, zur Not aber auch aus der Dose. Ihrer Phantasie sind keine Grenzen gesetzt!

Moules marinières
Muscheln nach Art der Seeleute

Frische Miesmuscheln gibt es in jedem Fischgeschäft. Achten Sie darauf, daß die Schalen fest geschlossen sind. Werfen Sie halbgeöffnete Muscheln weg, sonst riskieren Sie eine Vergiftung.

3 kg Miesmuscheln · 1 Zwiebel ·
1 Gewürznelke · 1 Zweiglein frischer
oder $^1/_4$ Teel. getrockneter Thymian ·
3 Lorbeerblätter · 1 Stück Schale von einer
unbehandelten Zitrone · 2 Gläser trockener
Weißwein ($^2/_{10}$ l) · $^1/_2$ Bund Petersilie ·
1 Knoblauchzehe · 3–4 Eßl. Crème fraîche
Pro Person etwa 665 Joule/160 Kalorien

● Zubereitungszeit: etwa 1 Stunde

So wird's gemacht: Die Muscheln unter kaltem Wasser sehr gut abbürsten, die »Bärte« entfernen. • Die Zwiebel schälen, mit der Nelke spicken und zusammen mit dem Thymian, den Lorbeerblättern und der Zitronenschale in einen großen Topf geben. Den Wein angießen. • Die geputzten Muscheln in den Topf geben, den Deckel aufsetzen. • Die Muscheln bei starker Hitze 5–6 Minuten kochen lassen. Dann müßten sich alle geöffnet haben. • Die Muscheln auf einer großen Platte anrichten. • Den Kochsud durch ein Sieb gießen, damit etwa verbliebene Sandkörner zurückgehalten werden. • Die Petersilie waschen und feinhakken. Den Knoblauch schälen und in die Petersilie pressen, untermischen. Das Ganze in den Sud geben. Die Crème fraîche einrühren, den Sud noch einmal kurz erhitzen, aber nicht mehr kochen lassen. • Den Sud über die Muscheln gießen und sofort servieren.

Das paßt dazu: viel Weißbrot, um den Sud aufzutunken, und ein sehr trockener provenzalischer Weißwein.

Mein Tip Entfernen Sie auch Muscheln, die sich beim Kochen nicht geöffnet haben. Sie sind nicht einwandfrei und daher ungenießbar.

Bouillabaisse de poissons d'eau douce
Fischsuppe aus Süßwasserfischen

Ein Trost für alle Bewohner küstenferner Gebiete – es gibt auch eine Bouillabaisse aus Süßwasserfischen. Sie werden sehen, auch sie hat ihre Vorzüge, vor allem den, daß man die Fische leichter frisch zu kaufen bekommt.

etwa 1500 g Süßwasserfische wie Aal, Renke,
Hecht, Forelle, Äsche · 2 mittelgroße
Zwiebeln · 2 Knoblauchzehen ·
2 Fleischtomaten oder 4 mittelgroße
Tomaten · je 1 Zweiglein frischer oder je
1 Messerspitze getrockneter Thymian,
Fenchel und Petersilie · 1 Lorbeerblatt ·

*1 großes Stück Schale von einer
unbehandelten Orange · ¹/₂ Glas (0,05 l)
Olivenöl · Salz · schwarzer Pfeffer ·
2 Päckchen Safran (à 125 mg) · 8 Scheiben
Weißbrot von etwa 1¹/₂ cm Stärke*
Pro Person etwa 1100 Joule/265 Kalorien

● Zubereitungszeit: 1 Stunde

So wird's gemacht: Die Fische säubern, wenn
notwendig schuppen und unter kaltem Wasser
abspülen. Große Fische in Portionsstücke teilen, kleine ganz lassen. • Die Zwiebeln schälen und kleinschneiden. Die Knoblauchzehen
schälen. Die Tomaten kurz in kochendheißes
Wasser tauchen und die Haut abziehen. Die
Tomaten entkernen und feinhacken. • Reichlich Wasser in einem Teekessel oder Wassertopf zum Kochen bringen. • Die Zwiebeln und
die Tomatenstückchen in einen großen, jedoch nicht zu hohen Topf geben. Den Knoblauch hineinpressen. Thymian, Fenchel, Petersilie und Lorbeerblatt dazugeben, ebenso
die Orangenschale. Die Fische mit festem
Fleisch, wie Aal und Hecht, auf diese Schicht
legen. Das Öl angießen. So viel kochendes
Wasser zugeben, daß es etwa 1 Finger breit
über den Fischen steht. Salzen, pfeffern. Den
Safran zufügen. • Die Suppe bei starker Hitze
5 Minuten kochen lassen. Die restlichen Fische hineingeben und möglichst darauf achten, daß die Suppe nicht aufhört zu sieden.
Weitere 5 Minuten kochen lassen. • In eine
Suppenschüssel pro Person 2 Scheiben Weißbrot legen. Das Brot mit so viel Kochbrühe
übergießen, daß es sich vollsaugt, aber nicht
in der Brühe schwimmt. Das Brot zuerst servieren. Dann die Fische auf einer tiefen Platte
anrichten und den Rest der Bouillon darübergießen. Sehr heiß servieren.

Das paßt dazu: eventuell noch mehr Weißbrot und ein provenzalischer trockener Weißwein. Besonders gut schmeckt zu diesen feinen Fischen ein Cassis.

Variante: Eine besonders feinschmeckerische
Note erhält das Gericht, wenn Sie zusammen
mit den oder statt der zartfleischigen Fische
8 Süßwasserkrebse in die Suppe geben.

Mein Tip Stellen Sie vor jeden
Gast zusätzlich zu dem Suppenteller
einen flachen Teller, auf dem er sich
die Fische entgräten und enthäuten
kann. Das getränkte Brot kann man
entweder zuvor oder dazu essen.

Fleischspezialitäten

Rind und Hammel beziehungsweise Lamm sind die bevorzugten Fleischsorten in Südfrankreich. Schweinefleisch wird eher in Form von Speck oder Pökelfleisch verwendet. In jedem Fall ist das Fleisch immer aromatisch gewürzt, was den Gerichten einen Hauch von der Landschaft der Provence verleiht. Eine Spezialität aus alter Zeit sind die Pieds-paquets (Rezept Seite 40), leider nicht leicht zu bekommen und mit etwas Arbeit verbunden, doch die Mühe lohnt sich. Alle anderen Fleischgerichte bieten keinerlei Probleme, seitdem es sowohl Hammelfleisch als auch Kräuter überall zu kaufen gibt.

Daube à la provençale

Rindfleisch in Rotwein auf provenzalische Art

Daube gibt es in Frankreich in so vielen Varianten wie es Landschaften gibt. Die provenzalische wird mit provenzalischem Wein und vielen Kräutern bereitet und ist daher typisch für diese Region.

1 kg Rinderschmorfleisch · 7 Eßl. Öl · etwa 0,5 l kräftiger Rotwein, am besten provenzalischer · Salz · Pfeffer · je $^1/_2$ Teel. getrockneter oder je 1 Teel. frischer Thymian und Rosmarin · 1 Lorbeerblatt · 100 g durchwachsener Speck · 6–8 Knoblauchzehen
Pro Person etwa 3860 Joule/920 Kalorien

- Zubereitungszeit: 20 Minuten
- Marinierzeit: 5–6 Stunden
- Garzeit: 3 Stunden

So wird's gemacht: Das Fleisch in grobe Würfel von etwa 10 Zentimeter Kantenlänge schneiden. • Aus 5 Eßlöffeln Öl und 5 Eßlöffeln Rotwein, Salz, Pfeffer und den getrockneten oder frischen Kräutern eine Marinade rühren. Das Fleisch einlegen und 5–6 Stunden marinieren. Während der Marinierzeit ab und zu wenden. • Nach Beendigung der Marinierzeit das Fleisch herausnehmen, abtropfen lassen und leicht abtupfen. • Den Speck feinwürfeln. Die Speckwürfel in einem gußeisernen Schmortopf mit dem restlichen Öl anbraten. Das Fleisch in den Topf geben und wenden, bis es ringsherum etwas Farbe angenommen hat. • Den Knoblauch schälen und durch die Knoblauchpresse zum Fleisch geben. Die Marinade durch ein Sieb zum Fleisch gießen, nach Geschmack noch etwas pfeffern und salzen. So viel Rotwein angießen, daß das Fleisch gerade bedeckt ist. • Den Topf schließen. Wenn Sie einen Schmortopf mit vertieftem Deckel besitzen, kaltes Wasser oder Eiswürfel in den Deckel geben. Sonst statt eines Deckels einen mit Wasser gefüllten Suppenteller auf den Topf legen. • Die Hitze reduzieren und das Gericht etwa 3 Stunden langsam köcheln lassen. Sollte während dieser Zeit die Flüssigkeit zu sehr verdampfen, etwas Wasser aus dem Deckel oder dem Teller nachgießen. • Das Gericht nach 3 Stunden am besten in dem Topf sehr heiß servieren.

Das paßt dazu: Nudeln oder Salzkartoffeln sowie ein kräftiger Salat, zum Beispiel Endivien. Zum Trinken empfehle ich den gleichen Wein, der für die Marinade und zum Kochen verwendet wurde.

Variante: In Avignon stellt man das gleiche Gericht mit Hammelfleisch her.

Bœuf provençal

Provenzalisches Rindfleisch mit Oliven

Ein scharfes Gericht, das jedoch nie so scharf gewürzt werden sollte, daß die übrigen Gewürze überdeckt werden.

750 g Rinderschmorfleisch, zum Beispiel Wadschenkel · 2 Zwiebeln · 4 Eßl. Olivenöl · ¹/₄ l trockener Weißwein · ¹/₄ l Wasser · 1 Bouquet garni (siehe Seite 9) · Salz · 2 große Fleischtomaten oder 4 mittlere Tomaten · 12 Oliven · 50 g durchwachsener Speck · scharfes Paprikapulver · evtl. etwas Cayennepfeffer oder 2 Tropfen Tabascosauce
Pro Person etwa 2220 Joule/530 Kalorien

● Zubereitungszeit: 30 Minuten
● Garzeit: 3 Stunden

So wird's gemacht: Das Fleisch würfeln. Die Zwiebeln schälen und kleinschneiden. In einem dickwandigen schweren Schmortopf das Olivenöl heiß werden lassen. Das Fleisch hineingeben und unter Umwenden anbraten. Die Zwiebelstückchen dazugeben. Wenn das Fleisch etwas Farbe angenommen hat, den Weißwein, das Wasser und das Bouquet garni zugeben. Salzen. Den Deckel aufsetzen. Bei einem Schmortopf mit vertieftem Deckel Eisstückchen in den Deckel legen. • Bei geringer Hitze 2¹/₂ Stunden köcheln lassen. • Kurz vor Ende der Garzeit die Tomaten in kochendheißes Wasser tauchen und abziehen. Die Tomaten vierteln. Die Oliven entkernen und in Scheibchen schneiden. Den Speck würfeln und kroß ausbraten. • Das Fleisch aus dem Topf nehmen und in einem weiteren Topf warm stellen. Die Tomatenviertel, die Oliven-

scheibchen und den Speck ohne das Fett zu dem Fleisch geben. • Den Fleischsaft durch ein Sieb passieren und über das Fleisch gießen. Alles zusammen noch einmal 30 Minuten köcheln lassen. • Zum Schluß das Gericht mit Paprikapulver abschmecken. Eventuell noch mit Cayennepfeffer oder Tabascosauce schärfen.

Das paßt dazu: ein Rosé oder Rotwein aus der Provence und viel frisches Stangenweißbrot.

Pot-au-feu à la marseillaise

Marseiller Fleischeintopf

Jede Region Frankreichs hat ihren typischen Pot-au-feu, einen bäuerlichen Eintopf aus mehreren Fleisch-und Gemüsesorten. Beim provenzalischen darf das Hammelfleisch nicht fehlen. Die Fleischmengen in diesem Rezept sind reichlich bemessen, damit die Portionen nicht zu klein ausfallen. Sollte etwas übrigbleiben, können Sie die Reste nach dem anschließenden Rezept für Mironton verwerten.

1 Scheibe Wadschenkel vom Rind mit Knochen von etwa 500 g · 1 Stück Hammelkeule (unterer Teil) von etwa 500 g · 1–2 Scheiben Kalbshaxe (Osso buco) von etwa 500 g · Salz · 1 Zwiebel 5–6 Gewürznelken · 500 g Karotten (Möhren) · 500 g weiße Rübchen · 1 kleine oder ¹/₂ große Sellerieknolle · 500 g Lauch (Porree) · 4 Kartoffeln · 1 Bund Petersilie
Pro Person etwa 3100 Joule/740 Kalorien

- Zubereitungszeit: 30 Minuten
- Garzeit: 2½ Stunden

So wird's gemacht: Das Fleisch kurz kalt abbrausen und trockentupfen. • Einen großen Suppentopf mit etwa 3 Liter kaltem Wasser füllen. Salzen. Das Fleisch in das kalte Salzwasser geben und zum Kochen bringen. In den ersten 30 Minuten die Brühe öfters abschäumen. • Während das Fleisch kocht, das

Beim Kochen von Fleisch bildet sich Schaum auf der Wasseroberfläche. Man hebt ihn mit einem Schaumlöffel ab.

Gemüse vorbereiten: Die Zwiebel schälen und mit den Nelken spicken. Die Möhren, die weißen Rübchen und den Sellerie schälen, den Lauch in etwa 5 Zentimeter lange Stücke schneiden und kurz in kaltes Wasser legen, damit sich der Sand zwischen den Blättern löst. Die Möhren nur halbieren oder vierteln, wenn sie sehr groß sind. Die weißen Rübchen ganz lassen, eventuell halbieren, den Sellerie je nach Größe vierteln oder achteln. Wenn das Fleisch etwa 30 Minuten gekocht hat, die Gemüse in den Topf geben und alles in 2 Stunden gar kochen. • Etwa 30 Minuten vor Ende der Garzeit die Kartoffeln schälen, ein paar Schöpflöffel Brühe aus dem großen Topf in einen kleineren füllen und die Kartoffeln

getrennt in der Brühe garen. • Den Gargrad des Fleisches vor dem Servieren durch Fingerdruck prüfen. • Die Petersilie waschen und feinhacken. Den Eintopf mit der Petersilie bestreut sehr heiß servieren. Die Kartoffeln getrennt dazu reichen.

Das paßt dazu: Cornichons, eingelegte Maiskölbchen, Silberzwiebeln und andere süßsaure Konserven sowie ein kräftiger roter provenzalischer Landwein.

Variante: Sehr gut schmeckt dieser Eintopf, wenn Sie 5 Minuten vor Ende der Garzeit 1 abgezogene, entkernte und zermuste Tomate in die Suppe geben. Voraussetzung: die Tomate muß sehr reif und wohlschmeckend sein.

Le mironton
Zwiebelragout mit Fleischresten

Wenn Sie Fleischreste vom Pot-au-feu oder auch von einem Braten übrig haben, empfiehlt sich dieses einfache und doch schmackhafte Gericht.

4–6 Zwiebeln · 6 Eßl. Öl · 1 gestrichener Teel. Mehl · Salz · Pfeffer · 1 Teel. Weinessig · 1 Lorbeerblatt · Fleischreste Pro Person etwa 1440 Joule/340 Kalorien bei 500 g Fleischresten

- Zubereitungszeit: 45 Minuten

So wird's gemacht: Die Zwiebeln schälen und kleinschneiden. • In einer großen Pfanne die Hälfte des Öls erwärmen und die Zwiebeln darin glasig schmoren. Mit dem Mehl überpudern. Sparsam salzen und pfeffern. Mit dem

Essig abschmecken. Das Lorbeerblatt zer-bröckeln und hineingeben. • Die Fleischreste von den Knochen lösen. • In einer zweiten Pfanne den Rest des Öls erhitzen und die Fleischreste kurz darin anbraten. • Zum Schluß die Fleischreste auf die Zwiebelmasse gleiten lassen. Das Gericht sehr heiß am be-sten in der Pfanne servieren.

Das paßt dazu: kräftiges Landbrot mit Butter und ein ebenso kräftiger Côtes-du-Rhône.

Carré d'agneau au persil

Lammfleisch mit Kräuterdecke
Bild Seite 46

Ein ebenso einfaches wie köstliches Lamm-fleischrezept, das mit allen Arten von Lamm-fleisch gleich gut gelingt. Das Wichtigste dar-an ist die Petersilie-Knoblauch-Mischung.

1500 g Lammrücken oder Lammschulter ·
1 Eßl. Butter · 2 Bund Petersilie ·
2 gestrichene Eßl. Semmelbrösel ·
6 Knoblauchzehen (nach Geschmack auch
mehr oder weniger) · Salz · Pfeffer ·
2 Eßl. Öl
Pro Person etwa 4285 Joule/1025 Kalorien

● Zubereitungszeit: 1 Stunde

So wird's gemacht: Das Lammfleisch in einer Bratreine auf dem Herd in Butter anbraten. Den Backofen auf 250° C (Gas Stufe 5–6) vorheizen. Das Fleisch auf der mittleren Schiebeleiste in 30 Minuten garen. • Inzwi-

schen die Petersilie feinhacken und mit den Semmelbröseln mischen. Die Knoblauch-zehen schälen und in die Petersilien-Semmel-brösel-Mischung pressen. Salzen, pfeffern. Gut durchmischen. • Das Fleisch aus dem Ofen nehmen und dick mit der gewürzten Kräutermischung belegen. • Das Fleisch noch einmal in den Backofen geben und bei 280° C (Gas Stufe 7) so lange überkrusten, bis sich der Belag goldgelb färbt.

Das paßt dazu: provenzalisches Tomatenge-müse (Rezept Seite 52) und ein Rotwein.

Variante: Schneller geht es, wenn Sie statt Lammrücken fertig geschnittene Lammkote-letts verwenden, diese in der Pfanne braten, mit der Würzmischung belegt in den Ofen schieben und goldgelb überbacken.

Les pieds-paquets à la marseillaise

Hammelkutteln und -füße

Dieses Rezept beschreibt eines der traditio-nellen provenzalischen Gerichte. Es ist eine echte Spezialität – zugegebenermaßen nicht nach jedermanns Geschmack – und nicht ganz einfach herzustellen. Doch darf es in einem Buch über provenzalische Küche auf keinen Fall fehlen, und ein echter Provence-Fan wird die Mühe nicht scheuen – sie lohnt sich auf jeden Fall.

Kutteln von 1 Hammelmagen ·
100 g Kasseler, roh oder gekocht · 100 g
Hammelgekröse · 4 Knoblauchzehen ·

1 Zweig Petersilie · Salz · Pfeffer ·
4 Hammel- oder Lammfüße · 100 g
durchwachsener Speck · 1 Stange Lauch
(Porree) · 1 Zwiebel · 1 Karotte (Möhre) ·
2 Tomaten · 2 Gewürznelken · ¹/₂ Flasche
trockener Weißwein (0,35 l) · 2 l Fleisch-
brühe · 1 Bouquet garni (siehe Seite 9)
Pro Person etwa 2000 Joule/480 Kalorien

● Zubereitungszeit: 1 Stunde
● Garzeit: 7 Stunden

<u>So wird's gemacht:</u> Die Hammelkutteln, wenn notwendig, gut säubern und in Quadrate von etwa 8 bis 10 Zentimeter Seitenlänge schneiden. • Das Kasseler und das Gekröse feinhacken und in eine Schüssel geben. 2 Knoblauchzehen schälen und hineinpressen. Die Petersilie waschen, hacken und dazugeben. Die Masse salzen und pfeffern und gut durchmischen. • Die Füllung auf die Kuttelstücke legen, die Quadrate wie Rouladen zusammenrollen und mit Küchengarn festbinden. Ganz echt sieht es aus, wenn Sie in eine Seite des Quadrats ein »Knopfloch« schneiden und mit Hilfe des gegenüberliegenden Zipfels, den Sie durch das Knopfloch ziehen, die »Pakete« zusammenziehen. • Die Hammelfüße (ohne Hufe) säubern und blanchieren, das heißt 5–6 Minuten in kochendes Wasser geben, dann wieder herausnehmen. • Den Speck würfeln. Die Speckwürfel in einen schweren gußeisernen Schmortopf (ganz »echt« wäre ein feuerfester Tontopf) geben und glasig braten. • Während die Speckwürfel braten, den Lauch waschen und feinschneiden und die Zwiebel schälen und feinwürfeln. Beides zu dem Speck geben und leicht bräunen lassen. • Die Karotte schaben und in feine Scheibchen schneiden. Wenn Lauch und Zwiebel hellbraun sind, die Karottenscheib-

chen ebenfalls in den Topf geben. • Die Tomaten kurz in kochendheißes Wasser tauchen und abziehen. Dann quer halbieren, die Kerne entfernen, das Fruchtfleisch kleinhacken. Die Tomatenwürfelchen mit den Gewürznelken in den Topf geben und untermischen. • Auf diesen würzigen Boden zuerst die Hammelfüße, dann die Päckchen legen. Den Wein und die Fleischbrühe angießen. Mit dem Bouquet garni, Salz und Pfeffer würzen. Die restlichen beiden Knoblauchzehen schälen und hineindrücken. Den Deckel auf den Topf legen – am besten einen vertieften Deckel, den Sie immer wieder mit Eisstückchen füllen. Das Gericht etwa 7 Stunden bei geringster Hitze köcheln lassen. • Erst nach der Garzeit den Deckel öffnen, niemals zwischendurch! Die Päckchen herausnehmen, das Fleisch von den Hammelfüßen lösen. Beides auf einer vorgewärmten vertieften Servierplatte anrichten. Den Fond aus Gemüse, Wein und Fleischbrühe darübergießen. Wenn notwendig, das Fett von der Sauce abschöpfen. • Das Gericht sofort sehr heiß servieren.

<u>Das paßt dazu:</u> trockener Reis und ein guter trockener provenzalischer Weißwein.

Variante: Fast genauso echt, nur nicht ganz so kompliziert ist die folgende Füllung (die Mengen sind pro Paket berechnet): 1 Würfel Kasseler, 1 ganze Knoblauchzehe, 1 Zweiglein Petersilie, Pfeffer und Salz.

Mein Tip Versuchen Sie, bei einem guten Metzger, der häufig Hammelfleisch verkauft, gereinigten und blanchierten Schafsmagen zu bekommen.

Moussaka provençal

Moussaka auf provenzalische Art

Ein ursprünglich griechisches Gericht typisch provenzalisch zubereitet.

1 Lammkeule von etwa 1500 g · Pfeffer · Salz · evtl. 2 Eßl. Bratfett · 1 große Zwiebel · 125 g Champignons · 2 große Fleischtomaten oder 4 mittelgroße Tomaten · 6 Eßl. Olivenöl · 1 Eßl. Butter · 2 Knoblauchzehen · ½ Bund Petersilie · 3 große Auberginen (etwa 1500 g) · 100 g Greyerzer Käse
Pro Person etwa 4970 Joule/1190 Kalorien

- Zubereitungszeit: 1¼ Stunden
- Garzeit der Lammkeule: etwa 2 Stunden
- Gratinierzeit: 30 Minuten

So wird's gemacht: Die Lammkeule pfeffern und salzen. Am besten im Römertopf garen, wenn kein Römertopf vorhanden ist, mit dem Bratfett in der Bratreine anbraten. • Die Lammkeule in etwa 2 Stunden bei 220° C (Gas Stufe 4) auf der unteren Schiebeleiste des Backofens gar schmoren. • Die Lammkeule etwas abkühlen lassen. • Das Fleisch vom Knochen lösen und in kleine Würfel schneiden. Die Zwiebel schälen und feinhakken, die Champignons putzen und in Scheibchen schneiden. Die Tomaten kurz in kochendheißes Wasser tauchen, abziehen, entkernen und feinwürfeln. • 1 Eßlöffel Olivenöl und die Butter in einen kleinen Schmortopf geben und erwärmen. Die Zwiebeln, die Champignons und die Tomatenwürfelchen dazugeben und ohne Flüssigkeitszugabe bei geringer Hitze etwa 10 Minuten schmoren lassen. • Die Knoblauchzehen schälen, zerquetschen und unter die Masse rühren. • Den Topf vom Herd nehmen. Die Petersilie waschen, hacken und unterrühren. Die Masse mit Salz und Pfeffer abschmecken und unter die Fleischwürfel mischen. Die Farce beiseite stellen. • Die Auberginen dünn abschälen oder kurz in kochendheißes Wasser tauchen und abziehen. Die Früchte in feine Scheiben schneiden. Die Scheiben nacheinander in einer Pfanne im restlichen Olivenöl kurz anbraten. Nicht zuviel Öl auf einmal in die Pfanne geben, denn die Auberginen saugen das Fett leicht auf. • Den Boden einer Bratreine oder großen feuerfesten Form mit der Hälfte der Auberginenscheiben auslegen. Die vorbereitete Füllung daraufschichten. Die restlichen Auberginenscheiben obenauf legen, so daß die Füllung bedeckt ist. Den Käse reiben und darüberstreuen. • Den Backofen auf 260° C (Gas Stufe 6) vorheizen. Die Form auf der untersten Schiebeleiste in den Backofen geben und die Moussaka etwa 30 Minuten gratinieren, bis der Käse geschmolzen ist und eine leichte Bräunung zeigt. • Das Gericht in der Form servieren.

Das paßt dazu: Stangenweißbrot und ein kühler provenzalischer Rosé.

> **Mein Tip** Bei diesem Gericht kann man die Zutaten für die Füllung je nach Geschmack variieren. Wichtig ist nur, daß die Auberginenscheiben ausreichen, um sowohl den Boden der Form auszulegen als auch um das Gericht vollständig abzudecken.

Côtes d'agneau à l'arlésienne

Lammkoteletts mit provenzalischem Gemüse

Ein köstliches und schnelles Gericht, das einige Geschicklichkeit von der Hausfrau erfordert, da die Beilagen möglichst gleichzeitig fertig werden sollen. Der genaue Arbeitsablauf richtet sich daher nach den Geräten, die zur Verwendung kommen, zum Beispiel ob Elektro-Kochplatte oder Gasflamme, ob elektrische Friteuse oder Fett-Topf auf Elektro-Kochplatte. Zur Not muß die eine oder andere Zutat warm gestellt werden.

Fritierfett für den Fett-Topf · 4 kleine oder 2 große Auberginen · 4 Tomaten · 2 mittelgroße Zwiebeln · 4 Eßl. Öl · 8 Lammkoteletts · Salz · Pfeffer · 4 Eßl. gehackte Petersilie
Pro Person etwa 2670 Joule/640 Kalorien

● Zubereitungszeit: 40 Minuten

So wird's gemacht: Das Fett in der Friteuse erhitzen. • Die Auberginen kurz in kochendheißes Wasser tauchen und abziehen. Die Früchte in Scheiben von etwa 1¹/₂ Zentimeter Dicke schneiden. Die Tomaten quer halbieren. Die Zwiebeln schälen und in Ringe schneiden. Das Öl in einer Pfanne erhitzen und die Auberginen darin 4–6 Minuten braten. Die Koteletts und die Tomatenhälften etwa 8 Minuten grillen. Die Zwiebelringe im Fett-Topf fritieren, bis sie goldgelb sind. • Auf vorgewärmten Tellern die Koteletts anrichten, die Auberginenscheiben und die Tomaten ringsherum anordnen, die gebräunten Zwiebelringe auf die Koteletts legen. Alles salzen und pfeffern und dick mit der gehackten Petersilie bestreuen.

Das paßt dazu: kräftiger provenzalischer Rotwein und Brot.

Variante: Die Koteletts vor dem Grillen mit Zitronensaft beträufeln und mit durchgepreßtem Knoblauch einreiben. 1 Stunde marinieren lassen, dann grillen, wie oben beschrieben.

Les caillettes de Madame Perrin

Frikadellen im Netz mit Salbei

Ein Alltagsessen, das Abwechslung bringt. Sprechen Sie vorher mit Ihrem Metzger, daß er Ihnen das notwendige Schweinenetz besorgt.

500 g Mangold · 500 g Endivien · etwa 150–200 g Schweinenetz · 4 Scheiben fetter Speck · 350 g Hackfleisch vom Schwein · Salz · Pfeffer · 2 Eßl. Butter · 8 Blättchen frischer Salbei
Pro Person 1630 Joule/390 Kalorien

● Zubereitungszeit: 2 Stunden

So wird's gemacht: Einen großen Topf Wasser zum Kochen bringen. • Mangold und Endivien waschen und 10 Minuten in dem kochenden Wasser blanchieren. Das Gemüse herausnehmen und abtropfen lassen. Mit Küchenkrepp ausdrücken, damit es möglichst

Zum Bild Seite 46: Saftig bleibt Lammfleisch unter der Kräuterschicht. Rezept für »Carré d'agneau« Seite 40.
Besonders würzig und nicht schwierig in der Zubereitung: »Les paquetons de lapin«. Rezept Seite 50. ▷

trocken wird. Das Gemüse durch den Fleischwolf drehen. • Das Schweinenetz in lauwarmem Wasser einweichen. • Die Speckscheiben halbieren, so daß quadratähnliche Rechtecke entstehen. • Das Hackfleisch mit der Gemüsemasse mischen. Salzen, pfeffern. • Aus dem Fleischteig 8 Frikadellen formen. Das Netz abtropfen lassen und leicht ausdrücken. Das Netz in 8 Teile schneiden. Die Frikadellen in das Netz wickeln. • Eine feuerfeste Form oder kleine Bratreine mit der Butter einfetten. Die Frikadellen nebeneinander hineingeben. Auf jede Frikadelle ein Speckscheibchen legen. Die Salbeiblättchen auf den Speckscheiben anordnen. • Den Backofen auf 260–280° C (Gas Stufe 6–7) vorheizen und die Frikadellen auf der mittleren Schiebeleiste etwa 45–55 Minuten backen.

Das paßt dazu: Kartoffelpüree oder Erbspüree und ein einfacher provenzalischer Landrotwein.

Caillettes à la vivaraise

Frikadellen mit Innereien

Diese Frikadellen unterscheiden sich von den vorhergehenden dadurch, daß sie kräftiger gewürzt sind und Innereien enthalten.

je 350 g Mangold und Spinat · je 350 g mageres Schweinefleisch, Schweineleber und Schweinelunge · 1 Zwiebel · Bratfett · Salz · Pfeffer · 2–4 Knoblauchzehen nach Geschmack · 2 Eier · 200 g Schweinenetz
Pro Person etwa 2550 Joule/610 Kalorien

● Zubereitungszeit: 2 Stunden

So wird's gemacht: Einen großen Topf mit Wasser zum Kochen bringen. Das Gemüse 10 Minuten in dem kochenden Wasser blanchieren. Dann das Gemüse in ein Sieb geben, kalt abbrausen und gut abtropfen lassen. Die Blätter grobhacken. • Schweinefleisch, Leber und Lunge durch den Fleischwolf drehen oder mit dem elektrischen Fleischhacker zerkleinern. • Die Zwiebel schälen, kleinschneiden und in etwas Bratfett glasig schmoren. Das gehackte Fleisch dazugeben. Die Masse gut umrühren. • In einer Schüssel das Gemüse mit dem Fleisch-Zwiebel-Gemisch gut verkneten. Salzen, pfeffern. Die Knoblauchzehen schälen und in den Teig pressen, untermischen. • Die Eier in eine Tasse schlagen, quirlen und ebenfalls unter den Teig mischen. Den Teig gut abkühlen lassen. • Inzwischen das Schweinenetz in lauwarmem Wasser einweichen. Wenn das Schweinenetz sich mit Wasser vollgesogen hat, herausnehmen und leicht ausdrücken. Das Netz in Portionsstücke schneiden. • Aus dem Fleischteig etwa orangengroße Bällchen formen. Die Bällchen in die Netzstücke einschlagen. • Eine Bratreine oder flache feuerfeste Form einfetten. Die Frikadellen nebeneinander hineingeben. • Im auf 260–280° C (Gas Stufe 6–7) vorgeheizten Backofen auf der mittleren Schiebeleiste etwa 45–55 Minuten backen. • Heiß oder kalt als Vorspeise oder mit Beilage als Hauptgericht servieren.

Das paßt dazu: Brot und ein kräftiger Côtes-du-Rhône.

Geflügel und Wild – aromatisch

Daß Fleisch von Schlachttieren erst seit neuerer Zeit in der provenzalischen Küche verwendet wird, konnten Sie schon im Einführungskapitel lesen. Wie sehr sich Geflügel und Wild für die Kräuter- und Knoblauchküche eignen, werden Sie an den nun folgenden Rezepten sehen. Sie sind alle vom Einkauf und von der Zubereitung her einfach. Gerichte mit kleinen Vögeln, die allerdings in der Provence eine große Rolle spielen, habe ich absichtlich nicht aufgenommen. Huhn und Kaninchen mit ihrem hellen, feinen Fleisch bieten eine gute Grundlage für sehr verschiedenartige Gerichte. Das kräftige Hasenfleisch in provenzalischer Zubereitung mit vielen Kräutern ist ein Hochgenuß, auch wenn man auf die klassische Sauce aus frischem Blut verzichten muß.

Poulet à la provençale

Hähnchen mit Kräutersauce

Die erfrischende Sauce ähnelt ein bißchen der italienischen Salsa verde. Der Kontrast zwischen der kalten Sauce und dem sehr heiß servierten Fleisch macht den Reiz dieses Gerichts aus.

2 Zitronen · 2 Zwiebeln · 1 Eßl. Weinessig · 2 Eßl. gehackte Petersilie · Salz · grobgemahlener oder geschroteter schwarzer Pfeffer · 1/2 l und 10 Eßl. Olivenöl · 1 küchenfertiges Brathähnchen (etwa 1300 g) · 4 Eßl. Mehl · 1 Zweiglein frischer oder 1 Teel. getrockneter Estragon · 1 Knoblauchzehe
Pro Person etwa 3250 Joule/780 Kalorien

- Zubereitungszeit: 30 Minuten
- Marinierzeit: 1 Stunde
- Garzeit: etwa 45 Minuten

So wird's gemacht: 1 Zitrone auspressen. Die Zwiebeln schälen und kleinschneiden. Den Zitronensaft mit dem Essig, 1 Eßlöffel gehackter Petersilie, Salz, Pfeffer und 6 Eßlöffeln Olivenöl in einer Schüssel zu einer Marinade verrühren. • Das Brathähnchen in Portionsstücke zerlegen. Die Fleischstücke in die Marinade legen und insgesamt 1 Stunde darin ziehen lassen. Nach der Hälfte der Marinierzeit die Stücke wenden, damit sie von allen Seiten gleichmäßig durchziehen. • Nach 1 Stunde die Fleischstücke abtropfen lassen. Das Mehl in einen tiefen Teller geben und das Fleisch darin wenden. • 1/2 Liter Öl in einen flachen Topf gießen und die Hähnchenstücke darin unter häufigem Umwenden gleichmäßig bräunen lassen. Die Hitze reduzieren und das Fleisch im offenen Topf etwa 40 Minuten schmoren. Dabei häufig vorsichtig umwenden. Nach dieser Zeit an einem Schenkel mit dem Gabelrücken oder durch Fingerdruck den Gargrad prüfen. Eventuell die Garzeit noch um einige Minuten verlängern. • Während das Fleisch gart, die zweite Zitrone schälen und in dünne Scheiben schneiden. In einer Saucenschüssel 4 Eßlöffel Olivenöl mit dem Rest Petersilie und dem Estragon mischen. Pfeffern, salzen. Den Knoblauch schälen und hineinpressen. Zuletzt die Zitronenscheiben hinzufügen. Den Saft mit einem Holzlöffel etwas herausdrücken, die Zitronenscheiben aber nicht zerdrücken. • Die heißen, garen Hähnchenteile auf einer Platte anrichten. Die kalte Sauce getrennt dazu reichen.

Das paßt dazu: Kartoffelpüree oder körnig gekochter Reis.

Poulet à la moutarde

Senfhähnchen mit Rosmarin
Bild 2. Umschlagseite

*2 küchenfertige Brathähnchen · 2 Zweige
frischer oder 2 Eßl. getrockneter Rosmarin ·
Salz · Pfeffer · 4 Teel. französischer Senf
(mittelscharf) · 1–2 Teel. Öl ·
2–3 Eßl. Butter*
Pro Person etwa 2420 Joule/580 Kalorien

● Zubereitungszeit: 1 Stunde

So wird's gemacht: Den Backofen auf 220 °C
(Gas Stufe 4) vorheizen. • Die Hähnchen waschen und innen und außen trockentupfen.
Die Hälfte des Rosmarins in das Innere geben. Die Hähnchen innen und außen salzen
und pfeffern. • Den Senf in einem Schüsselchen mit dem Öl verrühren. Frischen Rosmarin grobhacken, getrockneten Rosmarin zwischen den Fingern zerbröseln und in die Senf-
Öl-Mischung rühren. Die Hähnchen mit der
Hälfte der Paste bepinseln. • Eine Bratreine
mit der Butter ausstreichen. Die Hähnchen
hineinlegen und im vorgeheizten Backofen
auf der mittleren Schiebeleiste etwa 50 Minuten braten. Während der Bratzeit immer wieder mit der Senfmischung bestreichen. • Sehr
heiß servieren.

Das paßt dazu: frisches Stangenweißbrot und
reife Tomaten, mit Kräutern, Essig, Öl, Pfeffer, Salz und Knoblauch angemacht, sowie ein
frischer provenzalischer Rosé.

Poulet aux olives

Hähnchen in Olivensauce

Ein Alltagsgericht, das ohne großen Aufwand
zubereitet werden kann und doch Abwechslung in den Speisezettel bringt.

*2 küchenfertige Brathähnchen zu je 800 g ·
1 große Zwiebel · 100 g durchwachsener
Speck · 1 Teel. Butter · 5–6 kleine Zwiebeln
oder Schalotten · 3 Tomaten ·
1 gestrichener Teel. Mehl · $^1/_8$ l Weißwein ·
15–20 entsteinte grüne Oliven · Pfeffer · Salz*
Pro Person etwa 3650 Joule/870 Kalorien

● Zubereitungszeit: 1 Stunde

So wird's gemacht: Die Hähnchen in Portionsstücke teilen. • Die große Zwiebel schälen und würfeln, den Speck ebenfalls würfeln. • In einem großen Schmortopf die Butter
schmelzen lassen, die Zwiebel- und Speckwürfel zugeben. Wenn die Zwiebelwürfel glasig sind, die Hähnchenstücke einlegen und das
Fleisch unter häufigem Umwenden anbraten. • Die kleinen Zwiebelchen oder Schalotten schälen und ganz zufügen. Alles bei geringer Hitze einen Moment bräunen lassen. • Inzwischen die Tomaten kurz in kochendheißes
Wasser tauchen und abziehen, dann entkernen und das Fruchtfleisch würfeln. Die Tomatenwürfel in den Schmortopf geben. Mehl
darüberstäuben. Mit dem Weißwein ablö-
schen. • Das Gericht etwa 40 Minuten im zu-
gedeckten Topf bei geringer Hitze schmoren
lassen. • Am Schluß die Oliven zugeben. Pfeffern, salzen. • Das Gericht noch etwa 5 Minuten ziehen lassen, dann sehr heiß servieren.

Ragoût de canard

Entenragout Marseiller Art

Feine junge Gemüse geben diesem Gericht etwas Heiter-Südländisches.

1 küchenfertige Ente von etwa 2300 g · 2 Eßl. Butter · 1 große Zwiebel · 1 Knoblauchzehe · Pfeffer · Salz · 1 Lorbeerblatt · 2 Eßl. gehackte Petersilie · 1 Eßl. Tomatenmark · 2–3 Gläser trockener Weißwein ($^2/_{10}$–$^3/_{10}$ l) · 100 g durchwachsener Speck · 12 kleine Zwiebeln · 350 g junge Karotten (Möhren)
Pro Person etwa 6150 Joule/1470 Kalorien

● Zubereitungszeit: 1$^1/_2$ Stunden

So wird's gemacht: Die Ente in 8–12 Stücke teilen. • Die Butter in einem Schmortopf erhitzen, die Entenstücke hineingeben und anbraten. Die Hitze reduzieren und die Entenstücke schmoren lassen. • Die Zwiebel schälen, hacken und an das Fleisch geben. Die Knoblauchzehe schälen und direkt in den Schmortopf pressen. Das Fleisch pfeffern und salzen. Das Lorbeerblatt zerbröckeln und mit der Petersilie in das Ragout geben. Das Tomatenmark mit dem Wein verrühren und über das Fleisch gießen. Das Ragout insgesamt 30 Minuten schmoren lassen. • Inzwischen den Speck würfeln, die kleinen Zwiebelchen schälen, aber ganz lassen, die Karotten in dünne Stifte schneiden. • Wenn das Fleisch 30 Minuten geschmort hat, den Speck und die Gemüse in den Topf geben. Zudecken und alles in weiteren 30 Minuten garen.

Das paßt dazu: Salzkartoffeln und feine Erbsen sowie ein frischer Rosé.

Lapin à la moutarde

Kaninchen in Senfsauce

In der Provence wurde schon immer gern Kaninchenfleisch gegessen, da man häufig auf die Jagd geht und es Kaninchen in großer Zahl gab und heute noch gibt.

1 küchenfertiges Kaninchen von etwa 1400 g · 1 Eßl. Butter · 1 Teel. getrockneter oder 1 Eßl. frischer Thymian · $^1/_8$ l trockener Weißwein · 150 g Champignons · 1 Teel. scharfer Senf · $^1/_4$ l Sahne · Salz
Pro Person etwa 2970 Joule/710 Kalorien

● Zubereitungszeit: 1$^1/_2$ Stunden

So wird's gemacht: Das Kaninchen in 4 Portionsstücke zerlegen. • Die Butter in einen Schmortopf geben und schmelzen lassen. Die Kaninchenstücke hineinlegen und bei geringer Hitze leicht bräunen lassen. Den Thymian zufügen, den Wein angießen. • Das Fleisch in etwa 45 Minuten gar schmoren. • Während dieser Zeit die Champignons putzen und kleinschneiden. • Nach Beendigung der Garzeit die Kaninchenstücke aus dem Topf nehmen und warm stellen. Den Fond im Topf mit dem Senf loskochen. Die Pilze zufügen. Das Ganze schmoren lassen, bis die Pilze gar sind. Die Sahne hineingeben. • Die Sauce mit dem Salz abschmecken und über die Kaninchenstücke gießen. Sofort servieren.

Das paßt dazu: körnig gekochter Reis oder Salzkartoffeln und ein trockener provenzalischer Weißwein oder auch ein frischer Rosé.

Les paquetons de lapin

Kaninchen im Schinkenmantel
Bild Seite 45

Kaninchenstücke werden besonders saftig, wenn man sie mit einem Schinkenmantel umhüllt.

1 Kaninchen von etwa 1400 g · 8 Scheiben gekochter Schinken · 8 Knoblauchzehen · 8 Zweiglein frischer oder 8 Messerspitzen getrockneter Thymian · Pfeffer · Butter zum Einfetten des Topfbodens · 1 Glas herber Weißwein ($^1/_{10}$ l)
Pro Person etwa 2450 Joule/590 Kalorien

● Zubereitungszeit: 1¹/₂ Stunden

So wird's gemacht: Das Kaninchen in 8 Portionsstücke teilen: die beiden Schenkel getrennt, 5 Stücke aus dem Rücken, die beiden Vorderläufe zusammen. • Je 1 Schinkenscheibe zuerst mit 1 Stück Kaninchenfleisch, dann mit 1 geschälten Knoblauchzehe belegen. Je 1 Zweiglein frischen oder je 1 Messerspitze getrockneten Thymian daraufgeben. Mit reichlich schwarzem Pfeffer aus der Mühle würzen. Die Päckchen zusammenrollen und mit Küchengarn festbinden. • Einen großen Schmortopf dünn mit Butter einfetten. Die Päckchen hineinlegen. Den Topf schließen und das Fleisch in etwa 30 Minuten bei geringer Hitze garen. • Nach Beendigung der Garzeit die Päckchen auf einer Platte anrichten und warm stellen. • Den Fond mit dem Weißwein loskochen. Das Küchengarn entfernen und die Weinsauce darübergießen.

Das paßt dazu: Tomaten vom Grill und Reis sowie ein trockener Weißwein.

Variante: Gut schmecken die Päckchen auch, wenn Sie sie mit durchwachsenem Räucherspeck umwickeln.

Lapin à la niçoise

Kaninchen Nizza-Art

Schwarze Oliven und Tomaten spielen bei vielen Nizzaer Spezialitäten eine entscheidende Rolle. Sie geben auch diesem Gericht sein südländisches Flair.

1 Kaninchen von etwa 1400 kg · 1 Zwiebel · 4 mittlere oder 2 große Tomaten · 1 Eßl. Butter · 3–4 Knoblauchzehen · Salz · Pfeffer · 2 Gläser trockener Weißwein ($^2/_{10}$ l) · 1 Lorbeerblatt · $^1/_2$ Teel. getrockneter Thymian · 10–15 schwarze Oliven
Pro Person etwa 2610 Joule/630 Kalorien

● Zubereitungszeit: 1 Stunde

So wird's gemacht: Das Kaninchen in 4 Portionsstücke teilen. • Die Zwiebel schälen und feinhacken, die Tomaten kurz in kochendheißes Wasser tauchen, abziehen, halbieren, entkernen und kleinschneiden. • Die Butter in einen Schmortopf geben und die Kaninchenstücke darin anbraten. Die Zwiebelstücke zufügen. Die Knoblauchzehen schälen und in den Topf pressen. Die Tomatenstücke ebenfalls dazugeben. Alles gut verrühren und etwa 5 Minuten bei mittlerer Hitze schmoren lassen. Salzen, pfeffern. Den Wein angießen. Das Lorbeerblatt und den Thymian zugeben.

Die Oliven entkernen und unterrühren. • Die Hitze reduzieren, den Topfdeckel aufsetzen und das Gericht etwa 35–40 Minuten schmoren lassen. • Sehr heiß servieren.

Das paßt dazu: Weißbrot, Nudeln und ein trockener provenzalischer Weißwein.

Variante: Auf dieselbe Weise können Sie ein Brathähnchen oder auch eine Poularde zubereiten. Den Thymian lassen Sie dann weg.

> **Mein Tip** Wenn die Tomaten nicht reif genug sind, also nicht genügend Eigengeschmack haben, schmecke ich die Sauce am Schluß mit 1–2 Teelöffeln Tomatenmark ab.

Civet de lièvre

Aromatisches Hasenragout

1½ l provenzalischer Rotwein · 1 große Zwiebel · 2 Karotten (Möhren) · 15–18 Knoblauchzehen · je 1 Messerspitze getrockneter Rosmarin, Thymian, Sarriette, Salbei oder 1½ Teel. gemischte provenzalische Kräuter · 10 Wacholderbeeren · 10 Pfefferkörner · 1500 g Hasenfleisch mit Knochen · 4 Eßl. Öl · 1 Weinglas Cognac (¹/₁₀ l) · 4 Brötchen · Salz
Pro Person etwa 1850 Joule/440 Kalorien

- Zubereitungszeit: 1 Stunde
- Marinierzeit: 24 Stunden
- Garzeit: 1½ Stunden

So wird's gemacht: Den Wein für die Marinade in eine große Schüssel gießen. • Die Zwiebel schälen und hacken, die Karotten schaben und in dünne Scheibchen schneiden, 10–12 Knoblauchzehen schälen, ganz lassen. Die Zwiebelstückchen, die Karottenscheiben und die Knoblauchzehen in den Wein geben. Die Marinade mit den Kräutern, den Wacholderbeeren und den Pfefferkörnern würzen. • Das Hasenfleisch von den Knochen lösen und in mittelgroße Würfel, etwa wie für Gulasch, schneiden. Das Fleisch in die Marinade legen und 24 Stunden durchziehen lassen. • Nach dieser Zeit die Fleischstücke aus der Marinade nehmen und abtropfen lassen. • Das Öl in einer Pfanne erhitzen, das Fleisch darin anbraten. Ein paarmal umwenden. Den Cognac darübergießen und anzünden. Wenn der Alkohol abgebrannt ist, die Marinade über das Fleisch gießen, weitere 5–6 Knoblauchzehen schälen und in die Pfanne pressen. Das Ganze bei geringer Hitze etwa 1½ Stunden schmoren lassen. • Während das Fleisch gart, die Brotkrumen bereiten. Dafür das Weiße aus den Brötchen feinhacken und zusätzlich durch ein Drahtsieb streichen. • Die Fleischstücke mit dem Schaumlöffel aus der Marinade heben und auf einer Anrichteplatte warm stellen. • Die Marinade durch ein Sieb passieren und eventuell noch etwas einkochen lassen. Die Sauce mit Salz abschmecken und mit den Brotkrumen binden. • Zum Servieren die Sauce wieder über das Fleisch gießen. Sehr heiß auftragen.

Das paßt dazu: Stangenweißbrot und ein provenzalischer Rotwein, am besten der gleiche, der für die Marinade verwendet wurde. Auch Teigwaren passen gut zum Hasenragout.

Gemüse – nicht nur als Beilage

Die Provence ist ein Paradies für Gemüse-freunde. Es gibt eine Reihe von Gemüse-gerichten ohne Fleisch, die eine ganze Mahl-zeit ausmachen und andere, die kalt oder warm genossen als Zwischen- und Vorgerich-te oder auch als Beilagen zu Fleisch gegessen werden. Gern ißt man Gemüse in der Pro-vence mit einer Farce gefüllt und überbacken oder auch in Teig fritiert. Die Sortenvielfalt einheimischer Gemüse ist außerordentlich groß, da das Klima sehr günstig ist. Von Au-berginen über Zucchini, Tomaten und Papri-kaschoten bis zu Pilzen, sogar auch Trüffeln, und Spargel findet man alles, was das Herz nur begehrt. Gemüsegerichte entsprechen in besonderem Maße der bäuerlichen und natür-lichen Art der provenzalischen Küche.

Tomates provençales

Provenzalisches Tomatengemüse

Eine der beliebtesten Beilagen, die noch dazu einfach herzustellen ist.

8 mittelgroße reife Tomaten · 1 Bund Peter-silie · 2 Knoblauchzehen · 3–4 gestrichene Teel. Semmelbrösel · Pfeffer · Salz
Pro Person etwa 205 Joule/50 Kalorien

● Zubereitungszeit: 20 Minuten
● Gratinierzeit: 15 Minuten

So wird's gemacht: Die Tomaten waschen und quer halbieren. Die Kerne entfernen. • Die Petersilie waschen und feinhacken. Die Knoblauchzehen schälen und durch die Knoblauchpresse drücken. Das Mus unter die gehackte Petersilie mischen. Die Semmelbrö-

sel dazugeben und gut untermischen. Pfef-fern, salzen. • Die Masse in die Tomatenhälf-ten füllen. Die gefüllten Tomatenhälften in eine feuerfeste flache Form geben. • Die To-maten im Backofen auf der mittleren Schiebe-leiste bei 240° C (Gas Stufe 5) 15 Minuten gratinieren oder im Elektrogrill grillen.

Paßt zu: Hammelfleisch, aber auch zu ande-ren kurzgebratenen oder gegrillten Fleisch-scheiben.

Ratatouille niçoise

Nizzaer Allerlei

Dieses Gericht kann man kalt als Vorspeise oder heiß als Beilage verzehren, oder auch umgekehrt, ganz nach Geschmack. Es emp-fiehlt sich, die doppelte Menge zuzubereiten und den Rest am nächsten oder übernächsten Tag kalt zu servieren. Die Ratatouille-Rezep-te variieren von Familie zu Familie. Das nach-stehende haben wir oft ausprobiert, und es hat uns und unseren Freunden immer wieder ge-schmeckt.

Zutaten für 6 Personen:
3 mittelgroße Auberginen · 3 große Fleisch-tomaten · 3 Zucchini · 3 Paprikaschoten · ¹/₁₀ l Öl · Salz · Pfeffer · 2 Knoblauch-zehen · 1 Bouquet garni (siehe Seite 9)
Pro Person etwa 900 Joule/215 Kalorien

● Zubereitungszeit: 30 Minuten
● Garzeit: 1¹/₂ Stunden

So wird's gemacht: Die Auberginen und die Tomaten in kochendheißes Wasser tauchen, abziehen und in Würfel schneiden. Die Zucchini in grobe Scheiben schneiden. Die Paprikaschoten entkernen und in mundgerechte Stücke schneiden. • Die Gemüse in einen schweren Schmortopf geben. Das Olivenöl angießen. Salzen, pfeffern. Die Knoblauchzehen schälen und in das Gemüse pressen. Das Bouquet garni hineingeben. 1 Glas (¹/₁₀ Liter) kaltes Wasser angießen. Den Topf zudecken und das Gericht zum Kochen bringen. • Die Hitze reduzieren und die Ratatouille auf niedriger Schaltstufe 1¹/₂ Stunden köcheln lassen. • Heiß oder kalt servieren.

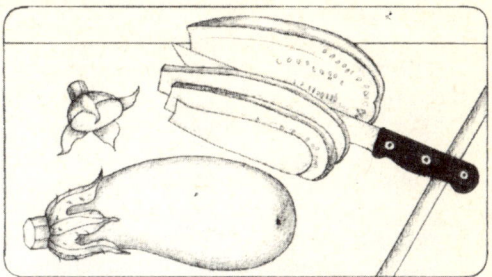

Auberginen kann man auch zuerst in Scheiben schneiden und anschließend schälen.

Le papeton d'aubergines

Auberginengericht des Papstes

Als der Papst in Avignon nicht glauben wollte, daß die provenzalische Küche ebenso gut sei wie die römische, bereitete ihm sein Koch das folgende Gericht, um ihn vom Gegenteil zu überzeugen.

4–6 Auberginen · Salz · ¹/₁₀ l Olivenöl ·
¹/₂ Glas Milch (¹/₈ l) · 2 Eier · Öl für die Form
Pro Person etwa 1460 Joule/350 Kalorien

● Zubereitungszeit: 1 Stunde

So wird's gemacht: Die Auberginen kurz in kochendheißes Wasser tauchen und abziehen. Die Früchte in dicke Scheiben schneiden. Die Scheiben mit Salz bestreuen und »weinen« lassen. • Das Olivenöl in einen Schmortopf geben. Die Auberginenscheiben abtupfen und in dem offenen Topf bei nicht zu starker Hitze

weichschmoren, aber nicht austrocknen lassen. • Die garen Auberginenscheiben durch ein Sieb passieren. Die Milch und die Eier in die Masse rühren. Eventuell noch etwas nachsalzen. • Die Masse in eine leicht geölte feuerfeste Form geben. Die Form in ein Wasserbad stellen (siehe Seite 12) und die Auberginenfarce in etwa 10 Minuten garen lassen. • Die Masse in der Form zu Tisch bringen.

Das paßt dazu: kräftig mit Knoblauch gewürzte Tomatensauce (Rezept Seite 62) und Brot sowie ein roter Côtes-de-Provence.

Champignons à la crème

Champignons in Sahne

Für dieses Gericht brauchen Sie eine feuerfeste Form mit Deckel. Das Pilzgericht ergibt eine gute Vorspeise, aber auch eine köstliche Beilage, zum Beispiel zu Kalbfleisch.

200 g Champignons · 4 Eßl. Butter · Salz ·
Pfeffer · 1 Gläschen Cognac (2 cl) ·
$^1/_{10}$ l Crème fraîche · 4 große Scheiben
Weißbrot
Pro Person etwa 1230 Joule/290 Kalorien

● Zubereitungszeit: 50 Minuten

So wird's gemacht: Die Champignons putzen
und blättrig schneiden. • Die Pilzscheibchen
mit 2 Eßlöffeln Butter in eine kleine Kasse-

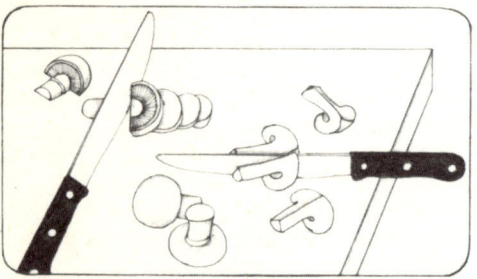

Champignons werden mit einem scharfen Messer
je nach Größe in Scheiben oder in Viertel geteilt.

rolle geben und in etwa 10 Minuten weich-
dünsten. Salzen, pfeffern. Den Cognac darübergießen und anzünden. Die Crème fraîche
an die Pilze geben und das Ganze noch einen
Augenblick köcheln lassen. • Die Brotscheiben in der restlichen Butter rösten. Die gerö-
steten Brotscheiben in den Deckel der feuerfesten Form legen. Die Champignons mit der
Sauce auf den Brotscheiben verteilen. Die
Form wie eine Käseglocke über den Deckel
stürzen, so daß die Form auf dem Kopf
steht. • Das Ganze im sehr heißen Backofen
(oberste Schaltstufe) 1–2 Minuten erhitzen.
Sehr heiß servieren. • Die Form erst bei Tisch
öffnen, damit jeder Gast den köstlichen Duft
genießen kann, der dann entweicht.

Courgettes au gratin
Zucchini überbacken

Zucchini sind in der Provence sehr beliebt,
denn man kann sie sehr verschiedenartig zubereiten.

5–6 kleine junge Zucchini (etwa 500–600 g) ·
2 Eßl. Butter · 1 gestrichener Teel. Mehl ·
evtl. 1 kleines Gläschen trockener Weißwein
(2–4 cl) · $^1/_{10}$ l Sahne · Pfeffer · Salz ·
1 Messerspitze geriebene Muskatnuß ·
100 g geriebener Emmentaler Käse
Pro Person etwa 1080 Joule/260 Kalorien

● Zubereitungszeit: 45 Minuten

So wird's gemacht: Die Zucchini schälen und
in etwa 1$^1/_2$ Zentimeter dicke Scheiben
schneiden. • Einen Topf Wasser zum Kochen
bringen, die Zucchinischeiben in das kochende Wasser geben und 2–3 Minuten darin kochen lassen. Sie sollen auf Fingerdruck nach-
geben, aber nicht zu weich werden. • Die
Zucchinischeiben aus dem Wasser nehmen
und abtropfen lassen. • 1 Eßlöffel Butter in
eine Pfanne geben und schmelzen lassen. Die
Zucchinischeiben in der geschmolzenen Butter einzeln wenden und leicht bräunen lassen. • Für die Béchamelsauce die restliche
Butter in einem kleinen Topf schmelzen lassen, mit dem Mehl anstäuben und mit etwa
$^1/_{10}$ Liter Wasser, eventuell gemischt mit
Weißwein, löschen. Die Sahne dazugeben.
Pfeffern, salzen. Nach Geschmack mit der geriebenen Muskatnuß würzen. • Die gebrate-
nen Zucchinischeiben in eine flache feuerfeste
Form geben, die Béchamelsauce darübergießen und das Ganze mit dem geriebenen Käse

bestreuen. • Im auf 260° C (Gas Stufe 7) vorgeheizten Backofen auf der mittleren Schiebeleiste 5–10 Minuten überbacken, bis sich der Käse leicht bräunt.

Paßt zu: gegrillten Lammkoteletts.

Aubergines niçoises

Auberginen mit Paprikaschoten
Titelbild

Eine Gemüseplatte, die gut zu Hammelfleisch paßt. Die Mengen können beliebig, je nach Geschmack variiert werden.

2–3 Auberginen · 3–4 Eßl. Olivenöl ·
2–3 rote Paprikaschoten · 2–3 reife Toma-
ten · 1 Knoblauchzehe · Salz · Pfeffer ·
1 Bund Petersilie
Pro Person etwa 470 Joule/110 Kalorien

● Zubereitungszeit: 45 Minuten–1 Stunde

So wird's gemacht: Die Auberginen kurz in kochendheißes Wasser tauchen und abziehen. Die Früchte in etwa 1 Zentimeter dicke Scheiben schneiden. • Die Auberginenscheiben in 2–3 Eßlöffel Olivenöl auf beiden Seiten braten, bis sie weich sind. • Die Paprikaschoten säubern, Kerne und Rippen entfernen, das Fruchtfleisch feinwürfeln. • Die Würfel in einer zweiten Pfanne in 1 Eßlöffel Olivenöl etwa 10 Minuten schmoren. • Die Tomaten kurz in kochendheißes Wasser tauchen, abziehen, entkernen und feinwürfeln. Die Tomatenwürfelchen in einem kleinen Topf ohne Fett langsam erhitzen und garen. Die Knoblauchzehe schälen und in die Toma-

tenmasse pressen. • Wenn alles gar ist, die Auberginenscheiben auf einer Platte anrichten. Die Paprikawürfel daraufschichten. Die gedünsteten Tomatenwürfelchen darübergeben. Salzen, pfeffern. • Die Petersilie waschen, hacken und über das Gemüse streuen.

Paßt zu: Hammelfleisch.

> **Mein Tip** Die Zubereitungszeit richtet sich danach, ob Sie es fertigbringen, alle drei Gemüsearten zu gleicher Zeit zu garen. Wenn Sie noch wenig Übung in der Küche haben, empfehle ich Ihnen, alles nacheinander zu beginnen und die Gemüse zum Schluß noch einmal kurz zu erhitzen.

Aubergines aux tomates

Auberginen mit Tomatensauce

Ein Gemüsegericht, das für sich allein steht, aber auch als Vorspeise oder Beilage zu Fleisch geeignet ist.

1 kg Auberginen · 4 Eßl. Mehl · 500 g Fri-
tierfett · Pfeffer · Salz · 150 g durchwachse-
ner Speck · 1 Karotte (Möhre) · 1 kleine
Zwiebel · 10–12 sehr reife kleine Tomaten ·
1 Lorbeerblatt · 2–3 Knoblauchzehen ·
$^{1}/_{2}$ l Fleischbrühe (aus Würfeln) · 1 Bund
Petersilie
Pro Person etwa 1800 Joule/430 Kalorien

● Zubereitungszeit: etwa 1½ Stunden

So wird's gemacht: Die Auberginen kurz in kochendheißes Wasser tauchen und die Schale abziehen. Die Früchte in etwa 1 Zentimeter dicke Scheiben schneiden. Das Mehl in einen Teller geben und die Auberginenscheiben darin wälzen. • Das Fett im Fett-Topf erhitzen und die Auberginenscheiben bei großer Hitze darin fritieren, bis sie goldgelb sind. Gut abtropfen lassen und auf Küchenkrepp legen. Salzen, pfeffern. • Für die Tomatensauce den Speck und die Karotte in kleine Würfel schneiden. Die Zwiebel schälen und feinhakken. • Den Speck in einem kleinen Saucentopf ausbraten, die Zwiebel- und Karottenwürfel dazugeben und das Ganze bei geringer Hitze gut durchschmoren lassen. • Die Tomaten kurz in kochendheißes Wasser tauchen und abziehen. Die Tomaten in zwei Hälften teilen und die Kerne herausdrücken. Das Fruchtfleisch würfeln. Die Tomatenwürfel in den Saucentopf geben und mit einem Holzlöffel zerdrücken. Das Lorbeerblatt zerbröckeln und zufügen. Die Knoblauchzehen schälen und zerquetschen oder in winzige Scheibchen schneiden. Ebenfalls in die Sauce geben. Salzen, pfeffern. • Den Topf zudecken und das Ganze im Backofen bei etwa 250° C (Gas Stufe 5–6) so lange kochen lassen, bis der Saft der Tomaten fast verdunstet ist. • Den entstandenen dicken Brei mit der Fleischbrühe auffüllen. Weitere 20 Minuten kochen lassen. • Dann die Sauce durch ein Sieb streichen und in eine breite, flache feuerfeste Form geben. Die Auberginenscheiben darauflegen und alles noch 5–6 Minuten erhitzen. • Die Petersilie feinhacken und vor dem Servieren über das Gericht streuen.

Paßt zu: gegrilltem Fleisch aller Art.

Chou farci
Gefüllter Wirsing

Dies ist eine provenzalische Abart unserer Kohlrouladen. Es lohnt sich, sie auszuprobieren. Sie sieht nicht nur anders aus, sondern sie schmeckt auch anders.

1 Kopf Wirsingkohl von etwa 1 kg · Salz · Pfeffer · 200 g durchwachsener Speck · 4 Zwiebeln · 1 Stück altbackenes Brot oder 1 Brötchen vom Vortrag · 2 Eßl. gehackte Petersilie · 2–3 Knoblauchzehen · 2–3 Eigelbe · 100 g fetter Speck in dünnen Scheiben · 3–4 Karotten (Möhren) · ½ l Fleischbrühe.
Pro Person etwa 2970 Joule/710 Kalorien

● Zubereitungszeit: 1 Stunde
● Garzeit: 3 Stunden

So wird's gemacht: Den Strunk und die äußeren harten Blätter von dem Kohlkopf entfernen. Den Kopf gründlich mit kaltem Wasser abbrausen. • In einem großen Topf Wasser zum Kochen bringen, salzen, den ganzen Wirsing in dem Salzwasser 5–6 Minuten blanchieren. • Die großen Blätter einzeln vom Kopf abtrennen, die Stielenden herausschneiden. Das Herz des Kohlkopfs vorerst beiseite legen. • Die Blätter salzen und pfeffern und mit den Stielseiten nach außen aufeinanderlegen, dabei mit den größten Blättern beginnen. • Den durchwachsenen Speck sehr fein würfeln, 2 Zwiebeln schälen und ebenfalls sehr fein würfeln, 5–6 Blätter aus dem Herz des Kohlkopfs feinhacken. Speck, Zwiebeln und den kleingehackten Kohl in eine Kasserolle geben und bei kleiner Hitze langsam durchschmoren lassen. Inzwischen das Brot oder das Brötchen einweichen, ausdrücken und unter die Masse geben. Die Petersilie zufügen. Die Knoblauchzehen schälen und hineinpressen. Die Eigelbe unterrühren. Abschmecken, eventuell nachwürzen. Die Masse ein paarmal umrühren, dann die Kasserolle vom Herd nehmen. Die Füllung sollte recht fest sein. • Die Füllung auf die Kohlblätter legen und die Blätter so zusammenfassen, daß der Kohlkopf wiederhergestellt wird. Das Ganze mit Küchengarn kreuz und quer binden. • Einen Schmortopf, dessen Durchmesser nur wenige Zentimeter größer sein sollte als der des gefüllten Kohlkopfs, mit den dünnen Speckscheiben auslegen. Die restlichen beiden Zwiebeln schälen und in dünne Scheiben schneiden. Die Karotten säubern und ebenfalls in dünne Scheibchen schneiden. Zwiebeln und Karotten auf die Speckscheiben schichten. Den gefüllten Kohlkopf daraufsetzen. • Die Gemüse bei geringer Hitze hell goldgelb werden lassen. Dann die Fleischbrühe angießen und mit Wasser auffüllen, bis der Kopf fast bedeckt ist. Den Topf mit geöltem Butterbrotpapier abdecken und den Deckel aufsetzen. • Das Gericht entweder im Backofen auf der unteren Schiebeleiste bei 200° C (Gas Stufe 3) oder bei geringer Hitze auf dem Herd in 3 Stunden garen lassen.

Das paßt dazu: Brot und roter Landwein.

Varianten: Für die Füllung eignen sich auch Schinken- oder Bratenreste. Mit einiger Geschicklichkeit können Sie den Kohl auch im Ganzen zubereiten, das heißt Sie entfernen die äußeren Blätter und das Herz, trennen jedoch die mittleren Blätter nicht vom Strunk, sondern füllen die Farce anstelle des Kohlinneren ein.

Les farcis à la provençale

Gefülltes Gemüse
Bild Seite 28

Eine vielseitige Gemüse-Vorspeise oder auch eine Zwischenmahlzeit, die kalt oder warm genossen wird. Auf jeden Fall eine typisch provenzalische Spezialität. Dieses Gericht eignet sich am besten für eine größere Runde.

Zutaten für 8 Personen:
4 Tomaten · 4 Zucchini · 2 große oder 4 kleine Auberginen · 2 Gemüsezwiebeln oder 4 mittelgroße Zwiebeln · 500 g gemischtes Hackfleisch · 2–4 Knoblauchzehen · 1 Bund Petersilie · 2 Eier · 50 g geriebener Emmentaler Käse · Pfeffer · Salz · etwa 4 gestrichene Eßl. Semmelbrösel · etwa 3 Eßl. Olivenöl
Pro Person etwa 1130 Joule/270 Kalorien

- ● Zubereitungszeit: 45 Minuten
- ● Gratinierzeit: etwa 45 Minuten

So wird's gemacht: Die Tomaten waschen und quer halbieren. Die Zucchini und die Auberginen waschen und längs halbieren. Die Zwiebeln schälen und quer halbieren. • Die Tomaten, die Zucchini, die Auberginen und die Zwiebeln aushöhlen. Das Fruchtfleisch feinwürfeln und in eine Pfanne geben. Kurz anschmoren, dann in eine Schüssel geben. • Das Hackfleisch anbraten, dann unter das Fruchtfleisch mischen. Die Knoblauchzehen schälen und in die Masse pressen. Die Petersilie waschen und sehr fein hacken. Die Eier dazugeben, den Käse untermischen. Die Masse mit Pfeffer und Salz abschmecken. • Dann in die ausgehöhlten Früchte füllen und leicht andrücken. Die Semmelbrösel darüberstreuen, so daß sie eine dünne Schicht ergeben. Das Öl tropfenweise auf den Semmelbröseln verteilen. • Die gefüllten Früchte nebeneinander in einer großen, flachen, feuerfesten Form anordnen oder, wenn keine solche Schüssel vorhanden ist, auf ein mit Alufolie bedecktes Backblech setzen. • Die Gemüse im vorgeheizten Backofen bei 240° C (Gas Stufe 5) auf der mittleren Schiebeleiste etwa 45 Minuten überbacken. • Die Gemüse heiß oder kalt servieren.

Variante: Statt Hackfleisch Brät oder kleingehackten gekochten Schinken verwenden. Auch kleingeschnittene Bratenreste eignen sich gut als Füllung. Schinken und Bratenreste brauchen nicht angebraten zu werden.

Mein Tip Nehmen Sie gefülltes Gemüse einmal zum Picknick an den Strand oder in den Wald mit. Ein roter Landwein und Brot ergänzen dieses Gemüsegericht zu einem wahrhaft köstlichen »Frühstück im Grünen«.

Gratin de potiron
Kürbisauflauf

Ein schmackhaftes Vorgericht oder zusammen mit Salat und Brot ein Abendessen.

1 Scheibe Kürbis von etwa 1500 g · 3 Eßl. Öl · 2 Zwiebeln · ¹/₂ Tasse gekochter Reis ·

Salz · Pfeffer · 50 g geriebener Emmentaler Käse · 2 Eier · 2 Eßl. Sahne · 1–2 gestrichene Eßl. Semmelbrösel
Pro Person etwa 1230 Joule/295 Kalorien

- Zubereitungszeit: 40 Minuten
- Gratinierzeit: 25–30 Minuten

So wird's gemacht: Die Kürbisscheibe schälen, entkernen und grobwürfeln. In einem Schmortopf in 2 Eßlöffeln Öl bei geringer Hitze weichschmoren. • Während der Kürbis gart, die Zwiebeln schälen und würfeln. Die Zwiebelwürfel an den Kürbis geben. Den Reis zufügen. Mit Salz und Pfeffer würzen. Den geriebenen Käse kurz vor Ende der Garzeit unterrühren und kurz mitköcheln lassen. Den Topf vom Feuer nehmen. Die verquirlten Eier und die Sahne unterrühren. Die Masse in eine feuerfeste Form geben. Die Semmelbrösel darüberstreuen. Das restliche Öl darauftäufeln. • Im Backofen 25–30 Minuten auf der mittleren Schiebeleiste bei 200° C (Gas Stufe 3) überbacken.

Typische Saucen

Zur Abrundung des Themas »provenzalisch kochen« gebe ich Ihnen in diesem Kapitel einige Rezepte für traditionelle Saucen, von denen Aioli und die Rouille (Rezepte siehe unten) unentbehrlich für die Fischsuppen Bourride und Bouillabaisse sind und die erste noch dazu Hauptbestandteil eines Gerichts ist. Die übrigen Saucen werden in der provenzalischen Küche vielfach verwendet und zeichnen sich jeweils durch einen ganz eigenen Geschmack aus. Die Mengen beziehen sich nicht genau auf eine bestimmte Personenzahl, da es immer darauf ankommt, in welcher Form und wozu man die Sauce auf den Tisch bringen möchte. Ich empfehle daher, beim ersten Mal die Sauce in der angegebenen Menge zuzubereiten und dann je nach Wunsch und Anzahl der Gäste zu verdoppeln oder zu verdreifachen. Da alle Saucen keine lange Zubereitungszeit benötigen, ist es wohl am praktischsten, wenn Sie auf diese Weise vorgehen.

Aioli

Südfranzösische Knoblauchsauce

Dies ist eigentlich nicht nur eine Sauce, sondern ein ganzes Gericht. Da jedoch die Sauce dominiert und Fisch und Gemüse als Beilagen erscheinen, habe ich sie unter die Saucen eingeordnet.

1 eigroßes Stück Weißbrot ohne Rinde · $^1/_2$ Tasse Milch · 4–8 Knoblauchzehen · 1 Eigelb · $^1/_2$ l Olivenöl · Salz · Pfeffer · etwas Zitronensaft nach Geschmack

● Zubereitungszeit: 30–45 Minuten

So wird's gemacht: Das Weißbrot in der Milch einweichen und gut ausdrücken. Die Knoblauchzehen schälen und mit der Knoblauchpresse zerquetschen. Das Eigelb und den Knoblauch mit dem eingeweichten Brot mischen. • Mit dünnem Strahl das Öl zugießen, dabei ständig rühren, bis eine mayonnaiseartige Masse entsteht. • Salzen, pfeffern und eventuell mit etwas Zitronensaft abschmecken.

Paßt zu: Karotten, weißen Rübchen, Pellkartoffeln, gekochtem Kabeljau als klassischen Bestandteilen eines Aioli-Gerichts. Gut schmecken auch Artischocken, grüne Bohnen und hartgekochte Eier dazu. Weinbergschnecken, in Salzwasser mit Zwiebel gekocht, und kleine gekochte Polypen sind ebenfalls typisch provenzalische »Zutaten« zur Aioli. Außerdem ist Aioli wichtiger Bestandteil der Bourride (Rezept Seite 31).

> **Mein Tip** Sollte die Mayonnaise zusammenfallen, weitere 2–3 Knoblauchzehen zerquetschen, 1 Eigelb und mit dünnem Strahl noch ganz wenig Öl zugeben.

La rouille

Scharfe Pfeffersauce

Diese Sauce gehört zur Bouillabaisse wie der Fisch und der Safran. Verwenden Sie sie vorsichtig, sonst zerstört sie den Eigengeschmack des Gerichts.

1 Knoblauchzehe · 1 Chillieschote ·
1 Scheibe trockenes Weißbrot ohne Rinde ·
$^2/_{10}$ l Olivenöl

● Zubereitungszeit: 20 Minuten

So wird's gemacht: Die Knoblauchzehe schälen und in einem Mörser zusammen mit der
Chillieschote zerreiben. • Das Brot in Wasser
einweichen, ausdrücken und mit dem Knoblauch und der Chillieschote mischen. Das Öl
langsam zugeben und unterrühren.

Paßt zu: Bouillabaisse.

Variante: 2 Eßlöffel selbstgemachte oder fertig gekaufte Mayonnaise mit ein paar Tropfen
Tabascosauce mischen, 1 Schöpflöffel sehr
heiße Fischsuppe dazugeben. Schnell umrühren.

Anchoiade
Anchovissauce nach alter Art

Die Mengen der Zutaten können beliebig ab-
gewandelt werden. Knoblauchfreunde können ohne Bedenken die doppelte Anzahl
»provenzalischer Trüffel« zugeben.

3–4 Knoblauchzehen · 7–8 Anchovisfilets ·
Pfeffer · 2 Gläser Olivenöl ($^2/_{10}$ l)

● Zubereitungszeit: 40 Minuten

So wird's gemacht: Die Knoblauchzehen un-
geschält etwa 5 Minuten in Wasser kochen. •
Dann die Schale abziehen und die Zehen in
einem Mörser zerkleinern. Das Knoblauchmus in einen kleinen Topf geben und im Wasserbad (siehe Seite 12) bei milder Hitze auf
den Herd stellen. • Die Anchovisfilets abtropfen lassen, kurz wässern. Die Filets in den
Topf zu dem Knoblauchmus geben, mit dem
Knoblauch vermengen und dabei etwas zerdrücken. Pfeffern. Das Öl zugeben. Die Ölmenge richtet sich nach der gewünschten
Konsistenz der Sauce. Das Ganze kräftig umrühren und unter einen Rohkostsalat
mischen.

Paßt zu: Rohkost, hauptsächlich Sellerie.

Variante: In der Provence ißt man Anchoiade
auf traditionelle Weise auch folgendermaßen:
Man mischt die Anchovisfilets, ohne sie zu
zerdrücken, mit Öl und gewürfeltem Knoblauch und pfeffert die Mischung nach Geschmack. Von einem Landbrot oder auch von
einem Weißbrot schneidet man oben waage-
recht ein etwa 3 Zentimeter dickes Stück mit
der Rinde ab und teilt diese Scheibe je nach
Zahl der Gäste, so daß jeder 1 Stück bekommt. Diese Brotstücke richtet man auf Tellern an und verteilt die Anchovisfilets darauf.
Jeder nimmt sich nun weitere Brotscheiben,
die normal geschnitten sind, und taucht sie in
das gewürzte Öl, das man am besten in einem
oder zwei Kompottschälchen auf den Tisch
stellt. Mit der ölgetränkten Brotscheibe fährt
man nun über das Anchovisfilet, so daß dieses
allmählich zerdrückt und in das Brot hinein-
gepreßt wird. Wenn das Öl aufgetunkt ist,
grillt jeder seine dicke Brotscheibe entweder
am offenen Grill- oder Kaminfeuer, auf der
Pfanne oder im Elektrogrill. Der Duft, der
sich dabei entwickelt, läßt die Provence auch
in Schleswig-Holstein neu erstehen.

Sauce aux anchois

Anchovissauce mit Ei

Diese Sauce ist für viele Rohkostsalate verwendbar. Ihre Konsistenz, also die Ölmenge, richtet sich nach den Salatfrüchten, die Sie für den Rohkostsalat vorgesehen haben.

8–10 Anchovisfilets · 2 hartgekochte Eigelbe · Pfeffer · Olivenöl je nach gewünschter Konsistenz · 1 Teel. Weinessig

● Zubereitungszeit: 20 Minuten

So wird's gemacht: Die Anchovisfilets abtropfen lassen, kurz wässern und in einem Mörser zerkleinern. • Die Eigelbe auslösen und mit einer Gabel zerdrücken. Unter die Filets mischen. Pfeffern. So viel Öl unterrühren, daß eine mehr oder weniger dickflüssige Sauce entsteht. Mit dem Essig abschmecken.

Paßt zu: Rohkost wie Staudensellerie, Fenchel, Paprikaschoten, Zwiebelchen, Chicorée, Kopfsalatherzen.

Sauce aux herbes

Aromatische Kräutersauce

Unter den echt provenzalischen Saucen darf die Kräutersauce nicht fehlen. Sie schmeckt um so besser, je frischer die Kräuter sind.

3–4 Schalotten oder junge Zwiebelchen · 2 Eßl. Butter · ¹/₂ Glas Weißwein (¹/₂₀ l) · Salz · Pfeffer · ¹/₂ gestrichener Teel. Speisestärke · je 1 Bund Petersilie, Kerbel und Estragon · 1 Teel. Zitronensaft

● Zubereitungszeit: 40 Minuten

So wird's gemacht: Die Schalotten oder Zwiebelchen schälen und sehr fein hacken. In einer kleinen Kasserolle in 1 Eßlöffel Butter glasig dünsten. Den Wein mit der gleichen

Die Kräutermühle hat sich bewährt, wenn man größere Mengen von Kräutern zerkleinern muß.

Menge Wasser verdünnen und die Schalotten damit löschen. Salzen, pfeffern. Das Ganze etwa 15 Minuten köcheln lassen. • Die Sauce durch ein Sieb passieren. • Die Speisestärke mit etwas Wasser anrühren und in die Sauce rühren. Kurz aufkochen lassen. Den Topf vom Herd nehmen. • Die Kräuter feinhacken und in die Sauce rühren. Den Rest Butter und den Zitronensaft hineingeben. Abschmecken und nach Wunsch nachwürzen.

Paßt zu: kaltem Fleisch oder Geflügel, vor allem Bratenresten jeder Art.

Zum Bild Seite 64: »Oeufs à la neige«, ein originelles Dessert für Schleckermäuler. Rezept Seite 67.
Der Weihnachtsfladen, »Pompe de Noël«, ist Kern- ▷ stück der 13 Weihnachtsdesserts. Rezept Seite 65.

Saùcon

Tomatensauce (Grundrezept)

Diese Sauce ist für viele provenzalische Rezepte verwendbar, auch anstelle von Tomatenmark oder einfach zu Teigwaren, die es häufig als Vorspeise gibt.

2 Zwiebeln · 4 Eßl. Öl · 2–3 Knoblauchzehen · Pfeffer · Salz · 10–12 sehr reife Tomaten · je 1 Teel. frische oder ¹/₂ Teel. getrocknete gehackte Kräuter wie Thymian, Petersilie, Basilikum · 1 Lorbeerblatt · evtl. 1–2 Stück Würfelzucker

- Zubereitungszeit: 45 Minuten
- Garzeit: 45 Minuten

So wird's gemacht: Die Zwiebeln schälen und feinhacken. In einem dickwandigen Schmortopf das Öl erhitzen und die Zwiebeln darin glasig schmoren. Die Knoblauchzehen schälen und in den Topf pressen. Pfeffern, salzen. • Die Tomaten in kochendheißes Wasser tauchen, abziehen, entkernen und kleinschneiden. Die Tomatenwürfel in die Zwie-

Tomaten lassen sich leichter abziehen, wenn man sie vorher einritzt und in heißes Wasser taucht.

belmasse rühren. Die Kräuter dazugeben. • Das Ganze etwa 45 Minuten köcheln lassen. Nach Geschmack mit dem Zucker süßen. • Nach Beendigung der Garzeit die Sauce durch ein Sieb passieren und noch einmal kurz erhitzen.

Paßt zu: allen Gerichten, in die Tomaten oder Tomatenmark gehören, sowie zu Teigwaren aller Art.

Süßigkeiten mit Tradition

Die Provence ist, wie schon erwähnt, äußerst traditionsbewußt, was sich vor allem auch in den Festtagsbräuchen ausdrückt. So wird heute noch zu den hohen kirchlichen Feiertagen allerhand Symbolträchtiges gebacken, was böse Geister bannt und gute beschwört. Provence-Kennern werden vor allem die berühmten 13 Weihnachtsdesserts ein Begriff sein, und ich möchte sie Ihnen in diesem Kapitel unter anderen Süßspeisen vorstellen. Diese Desserts, bestehend aus den Früchten des Landes, selbstgemachtem (oder auch fertig gekauftem) Konfekt und allerhand Kleingebäck werden rings um den großen Weihnachtsfladen in einem breiten, flachen Korb angeordnet. Es ist ein schöner Anblick und ein echter Genuß nach Großmutters Art. Neben einigen Gebäckvorschlägen zum provenzalischen Dessert finden Sie zum Schluß noch einige Anregungen für die Herstellung hausgemachter Liköre, die gut zu den Süßspeisen passen.

Les treize desserts de Caléna

Die 13 provenzalischen Weihnachtsdesserts

Für alle, die ihren Lieben einmal einen echt provenzalischen Dessertkorb vorsetzen wollen, im folgenden die Bestandteile: die Rezepte, finden Sie im Anschluß daran.

Die vier Bettelmönche
Dazu gehören vier Früchte mit brauner Farbe, so genannt nach den Kutten der Bettelorden: Rosinen, getrocknete Feigen, Mandeln, deren Schalen man am Tag nach Weihnachten auf die Felder wirft, um gute Ernten zu erreichen, und schließlich Nüsse. Gern steckt man Walnußkerne in Feigen – man nennt diese Köstlichkeit »pâté d'ermite« (Eremitenpastete).

Die Früchte
Birnen, Äpfel, Pflaumen, Orangen, Mandarinen, grüne Melonen, Datteln.

Das Gebäck
La pompe de Noël (Rezept auf dieser Seite), Waffeln, helle und dunkle Nougatstückchen, Kleingebäck (Rezepte Seite 66).

Pompe de Noël

Weihnachtsfladen
Bild Seite 63

Diesen Kuchen darf man nicht mit dem Messer schneiden, sonst ist man im darauffolgenden Jahr ruiniert. Also ritzt man den Teig schon vor dem Backen sternförmig ein – der Kuchen bricht sich dann leichter.

700 g Mehl · Salz · 150 g Öl · 45 g Bäckerhefe · 2 Eier · etwas abgeriebene Schale von 1 ungespritzten Orange oder Zitrone

- Zubereitungszeit: 30 Minuten
- Ruhezeit für den Teig: 1 Tag
- Backzeit: 30–40 Minuten

So wird's gemacht: Mit 200 Gramm Mehl, etwas Salz, dem Öl und der Bäckerhefe einen Vorteig rühren. Den Vorteig an einem warmen Platz etwa 1 Tag gehen lassen. • Am nächsten Tag das restliche Mehl mit den Eiern mischen. Die Orangen- oder Zitronenschale zugeben. Die Mischung mit dem Vorteig verkneten. Eventuell noch etwas Wasser zugeben. Den Teig noch einmal gehen lassen. • Den Teig etwa 3 Zentimeter dick ausrollen und dem Fladen eine kreisrunde Form geben. Auf ein bemehltes rundes Backblech oder in eine passende Springform geben. 2 Zentimeter vom Rand weg zur Mitte hin den Kuchen so einschneiden, daß sich ein Muster ergibt, das wie Radspeichen aussieht. • Den Kuchen auf der mittleren Schiebeleiste im auf 220° C (Gas Stufe 4) vorgeheizten Backofen etwa 30–40 Minuten backen.

Calissons d'Aix

Mandelgebäck aus Aix

Ein einfaches traditionelles Gebäck, das zu den 13 Weihnachtsdesserts gehört.

250 g Mehl · 250 g geriebene Mandeln · 6–8 Eßl. Aprikosensirup (Dose) · 1 Päckchen Backoblaten · 100 g Puderzucker · 1 Eigelb

●   Zubereitungszeit: 1 Stunde

So wird's gemacht: Das Mehl mit den gemahlenen Mandeln mischen. Den Aprikosensirup unterrühren. Den Teig in eine Kasserolle füllen und bei geringer Hitze auf der Herdplatte leicht trocknen lassen. • Die Oblaten ausbreiten und den Teig in kleinen Häufchen darauf verteilen. • Aus dem Puderzucker und dem Eigelb eine Glasur rühren und das Gebäck damit bestreichen. Bei 230° C (Gas Stufe 4–5) auf der mittleren Schiebeleiste 5–10 Minuten backen.

Petits pains d'anis

Anisplätzchen

Auch sie gehören zu den 13 Weihnachtsdesserts.

250 g Zucker · 250 g Mehl · 2 Eiweiße · Salz · 1 gestrichener Eßl. Anispulver · Butter für das Blech

●   Zubereitungszeit: 45 Minuten
●   Backzeit: 20 Minuten

So wird's gemacht: Den Zucker mit dem Mehl mischen, in die Mitte eine kleine Mulde drücken. Die Eiweiße, das Salz und den Anis hineingeben. Das Ganze gut verkneten. • Den Teig 7–8 Millimeter dick ausrollen. Formen ausstechen und die Anisplätzchen auf einem gebutterten Blech auf der oberen Schiebeleiste bei 180° C (Gas Stufe 2) etwa 20 Minuten backen.

Chaussons aux pommes

Apfeltaschen

Seitdem es Blätterteig fertig zu kaufen gibt, kann man dieses Gebäck sehr schnell und einfach herstellen.

Zutaten für 10 Gebäckstücke: 1 Päckchen tiefgefrorener Blätterteig in Scheiben (300 g) · 2 Äpfel · 25 g Butter · 50 g Puderzucker · 1/4 Teel. Vanillinzucker ·

1–2 Eßl. Aprikosenmarmelade · 1 Eigelb ·
2 Teel. feiner Zucker
Pro Gebäckstück etwa 530 Joule/
130 Kalorien

● Zubereitungszeit: 1½ Stunden

So wird's gemacht: Den Blätterteig auftauen
lassen. • Die Äpfel schälen, in Viertel schneiden und die Kerngehäuse entfernen. Die Ap-
felviertel in sehr feine Scheibchen schneiden. • Die Butter in einem Topf bei geringer
Hitze schmelzen, aber nicht bräunen lassen.
Die Apfelstückchen dazugeben, umrühren.
Den Puderzucker und den Vanillinzucker untermischen. 2–3 Eßlöffel Wasser dazugeben.
Die Wassermenge richtet sich nach dem Saft-
gehalt der Äpfel. Die Masse zum Kochen
bringen. • Inzwischen den Backofen auf
260° C (Gas Stufe 6) vorheizen. Den Topf
zudecken und auf der mittleren Schiebeleiste
in den Backofen geben. Die Apfelfüllung 7–8
Minuten im Ofen garen lassen. Ein- bis zwei-
mal umrühren. • Den Topf aus dem Ofen nehmen, wenn die Äpfel die gesamte Flüssigkeit
aufgesogen haben und eine homogene Masse
entstanden ist. • Die Marmelade untermischen und die Apfelfüllung abkühlen lassen. •
Die aufgetauten Blätterteigscheiben in je 2
Quadrate teilen. Die Quadrate mit den Hän-
den etwas auseinanderziehen, so daß sie größer und etwas dünner werden. In die Mitte
der Quadrate je etwa 1 Eßlöffel Apfelmasse
setzen. Mit einem Pinsel den Teig um die Füllung herum leicht anfeuchten. Die Quadrate
übereck zuklappen, die Ränder andrücken
und den vorderen Rand so abrunden, daß ein
Kreisbogen entsteht. • Den Backofen auf
220° C (Gas Stufe 4) vorheizen. Das Eigelb in
eine Tasse geben und mit so viel Wasser verdünnen, daß etwa die 3–4fache Menge ent-

steht. Die Oberfläche der Gebäckstücke mit
dem verdünnten Ei bepinseln. • Das Backblech anfeuchten, nicht einfetten. Die Gebäckstücke mit genügend Abstand voneinan-
der darauf legen und im Backofen auf der
mittleren Schiebeleiste 15–18 Minuten bak-
ken. • Kurz vor Ende der Backzeit das Gebäck mit dem feinen Zucker bestreuen und
noch einmal für 1 Minute in den Ofen schieben. • Abkühlen lassen. Ergibt mit Kaffee ein
köstliches Dessert.

Oeufs à la neige
Schneebälle auf Vanillecreme
Bild Seite 64

Dieses Dessert besteht aus einer sogenannten
Crème anglaise und pochiertem Eischnee.
Die Zubereitung ist nicht schwer, wenn Sie
sich genau an das Rezept halten. Diese in der
Provence sehr beliebte Nachspeise läßt sich
leichter in größeren Mengen herstellen, daher
habe ich Zutaten für 6 Personen angegeben.

Zutaten für 6 Personen:
1 l Milch · 1 Vanillestange · 8 Eier · 2 Teel.
Speisestärke · 240 g Puderzucker
Pro Person etwa 1560 Joule/370 Kalorien

● Zubereitungszeit: etwa 1¾ Stunden

So wird's gemacht: Die Milch in einem Topf
erhitzen. Die Vanillestange mit einem Messer
spalten und in die Milch geben. Wenn die
Milch fast kocht, den Topf vom Herd nehmen
und die Vanillestange noch etwa 15–20 Minuten in der Milch ziehen lassen, damit die
Milch den Vanillegeschmack annimmt. • Die

Eier aufschlagen, trennen, die Eiweiße und die Eigelbe in zwei Schüsseln geben. • Die Speisestärke in die Eigelbe rühren, dann 200 g Puderzucker untermischen. Mit einem Holzlöffel etwa 10 Minuten kräftig durchrühren, bis die Masse gleichmäßig und ohne Stocken vom Löffel fließt. • Die heiße Milch – wenn notwendig, noch einmal kurz erhitzen, aber nicht kochen lassen – in die Masse geben und kräftig umrühren. Nun die Mischung in den Topf, in dem die Milch erwärmt wurde, zurückgießen und auf niedriger Schaltstufe langsam erhitzen. Dabei vorsichtig umrühren und den Löffel ständig am Topfboden entlangführen. Die Creme ist fertig, wenn der Schaum, der sich anfänglich an der Oberfläche befand, verschwunden ist, und die Creme den Kochlöffel mit einer Schicht überzieht, wenn man den Löffel aus der Masse heraushebt. Das dauert etwa 25–30 Minuten. • Den Topf vom Herd nehmen und noch ein paar Minuten weiterrühren. • Die Schüssel, in der die Creme angerührt wurde, kurz ausspülen und die Creme zum Abkühlen hineingießen. Alle 3–4 Minuten umrühren, damit sich keine Haut bildet. Wenn die Creme so kühl ist, daß sich keine Haut mehr bilden kann, die Masse in eine große Kompottschüssel oder eine vertiefte Anrichteplatte geben. • Für den pochierten Eischnee einen großen, nicht zu tiefen Topf mit Wasser zum Kochen aufsetzen. • Die Eiweiße in der zweiten Schüssel schlagen. Wenn Sie einen elektrischen Rührstab verwenden, mit der niedrigeren Geschwindigkeit beginnen, bis der Schaum grau und dünnflüssig ist. Dann stärker schlagen beziehungsweise den Rührstab auf eine höhere Stufe einstellen. Jetzt so lange weiterschlagen, bis der Schaum schneeweiß und so steif ist, daß er an dem Rührgerät hängenbleibt, wenn man es heraushebt. Den Schnee mit dem restlichen

Puderzucker bestäuben und noch einmal durchschlagen, damit sich der Zucker gut mit dem Eischaum vermengt. Dies alles sollte möglichst schnell und ohne Unterbrechung getan werden. • Auf die Arbeitsfläche ein sauberes Tuch zum späteren Abtropfen der Eischneebälle legen. • Einen großen Eßlöffel in lauwarmes Wasser tauchen, kurz abtropfen lassen und einen gehäuften Eßlöffel voll Eischaum entnehmen. Mit einem Messer die Oberfläche etwas glattstreichen und dabei rund formen. Den Eischnee jetzt mit Hilfe eines zweiten Eßlöffels in das leicht siedende, jedoch nicht sprudelnd kochende Wasser geben. Nach 1 1/2 Minuten den Ball mit Hilfe eines Schaumlöffels umdrehen und auf der zweiten Seite 2 Minuten pochieren. Danach den Schneeball mit dem Schaumlöffel herausheben, auf das Tuch legen und dort abtropfen lassen. Nun die weiteren Schneebälle pochieren. Achten Sie darauf, daß sich niemals zuviele Bälle auf einmal in dem Topf befinden. Es muß immer genügend Abstand zwischen ihnen bleiben. • Wenn alle Schneebälle abgetropft sind und die Creme abgekühlt ist, die Bälle auf der Creme hübsch anordnen und das Ganze servieren.

Variante: Sie können die Creme statt mit Vanille mit 1 Teelöffel Instant-Kaffeepulver oder 1 Zitronenachtel aromatisieren.

Mein Tip Damit der Eischnee auch wirklich gelingt, muß alles, was mit ihm in Berührung kommt, vollkommen fettfrei sein. Reiben Sie Schüssel und Schneebesen oder Rührstab eventuell vorher mit etwas Zitrone ab.

Liqueur de lait

Milchlikör

Ein Damenlikör nach Urgroßmutters Art.

1 ungespritzte Zitrone · ¹/₂ l Vollmilch · 500 g
Zucker · ¹/₂ l klarer Schnaps · 1 Vanillestange

● Zubereitungszeit: 10 Minuten
● Ruhezeit: 12 Tage

So wird's gemacht: Die Zitrone in drei Teile
schneiden, ohne sie zu schälen. Alle Zutaten
in einen Steinguttopf oder -krug geben. Das
Gefäß zudecken. 12 Tage an einem kühlen
Platz stehen lassen. Jeden Tag zwei- bis drei-
mal umrühren. • Nach 12 Tagen durch einen
Filter in eine Flasche füllen. • Zu Kuchen und
Kaffee nach dem Essen servieren.

Ratafia aux quatre fruits

Vier Früchte in Schnaps

Ratafia ist ein Sammelbegriff für in Schnaps
eingelegte Früchte, Blüten, wie zum Beispiel
Orangenblüten, und Gewürzkörner, zum Beispiel Wacholderbeeren. Dieses Beispiel soll
für viele stehen. Ratafia wird in der Provence
gern zum Kaffee oder auch danach getrunken.
Achten Sie darauf, daß alle Früchte reif und
gesund sind.

1 kg Kirschen · 1 kg Himbeeren · 1 kg
Stachelbeeren · 500 g Brombeeren · klarer

Schnaps nach Volumen des Fruchtsaftes ·
125 g Zucker pro Liter Fruchtsaft · 1 Stange
Zimt

● Zubereitungszeit: 1¹/₂ Stunden
● Ruhezeit: 2–3 Tage, dann 30–40 Tage

So wird's gemacht: Die Kirschen von den
Stengeln befreien und entkernen. Die Hälfte
der Kerne aufbewahren und im Mörser zerstoßen. • Die übrigen Früchte waschen, abtropfen lassen und mit den Kirschen zusammen in einen Steinguttopf geben. Die Früchte
zerstampfen. Die zerstoßenen Kirschkerne
daruntermischen. Den Früchtebrei an einem
kühlen Platz, aber nicht im Kühlschrank,
2–3 Tage durchziehen lassen. • Nach dieser
Zeit die Früchte in ein Haarsieb über einer
Schüssel geben. Den Saft abtropfen lassen.
Den Saft abmessen und in den Steinguttopf
zurückgießen. Die gleiche Menge klaren
Schnaps dazugeben. Umrühren. Den Zucker
unterrühren. Die Zimtstange hineingeben. •
Die Mischung 30–40 Tage stehen lassen. •
Filtern und in Flaschen abfüllen.

Varianten: Nach dem gleichen Verfahren
können Sie grüne Nüsse, Kirschen allein,
Aprikosen, Orangenblüten, Jasmin, Granat-
äpfel und viele andere Früchte mehr einlegen.

Rezept- und Sachregister

Die *kursiv* gesetzten Seitenzahlen verweisen auf die Farbbilder.

Die bunten Küchen-Ratgeber:

Beliebte Spezialkochbücher der Sonderklasse.

Jeder Band mit 72 Seiten, 20–30 Farbfotos, vielen Zeichnungen. Paperback.

Hannelore Blohm
Backen nach Großmutters Art
So gelingen Backgenüsse von einst. **Neuausgabe.**

Eva und Ulrich Klever
Selber Brot backen
Knusprig-frische Brotgenüsse, die jedem gelingen. **Neuausgabe.**

Veronika Müller
Die besten Ei-Gerichte
von einfach bis raffiniert.

Gunhild von der Recke
Die besten Kartoffel-Gerichte
Von der herzhaften Hausmanns-kost bis zur raffinierten Fein-schmeckerei.

Gunhild von der Recke
Die besten Lamm-Spezialitäten
von einfach bis raffiniert.

Helga Fritzsche
Küchenkräuter selbst gezogen
am Fenster, auf dem Balkon und im Garten. Mit praktischen Tips für die Küche. **Neuausgabe. Silbermedaille**

Marieluise Christl-Licosa
Nudel-Variationen
Die besten Rezept-Ideen und Tips zu allen Teigwaren.

Benita von Eichborn
Die besten Rezepte für 1 Person
Mit praktischem Rat und tollen Küchentips.

Annette Wolter
Bunte Salate mit Variationen
Einfach-raffinierte Ideen zur Abwechslung. **Neuausgabe.**

Hannelore Blohm
Die besten Saucen selbst gemacht
Rat und Rezepte aus der feinen Küche. Mit großer Übersicht: »Welche Sauce paßt wozu«.

Marianne Kaltenbach
Das Beste aus dem Schnellkochtopf
Rat und raffinierte Rezept-Ideen zu allen Schnellkochgeräten. **Neuausgabe.**

Christina Kleiner-Röhr
Neue Vollkorn-Rezepte
Für Weizen, Roggen, Hafer, Gerste und andere Getreidearten.

Chong Ja Chon-Sung
Chinesisch kochen – leicht gemacht
Die besten Original-Rezepte und Küchentips.

Susi Piroué
Echt französisch kochen
Die besten Original-Rezepte nach Hausfrauen-Art.

Adelheid Vossiniotis
Echt griechisch kochen
Die besten Original-Rezepte nach Hausfrauen-Art.

Marieluise Christl Licosa
Echt italienisch kochen
Die besten Original-Rezepte und Küchentips.

GU
Gräfe
und
Unzer

Rezept- und Sachregister